审　　订：刘　敏等

本册编写：谢　燕

山西故事

# 历史事件

晋旅 / 主编

山西出版传媒集团　山西人民出版社

# 写在前面

在地球的东方，有一片神奇的土地，它头枕长城、脚踏黄河，是中华文明的发祥地，中国上古圣贤尧舜禹皆生于斯长于斯成于斯，它的名字叫中国山西。

5000多年文明在这片15.67万平方千米的土地上留下了辉煌灿烂的文化遗存。一个个王朝，一个个世纪，浩如烟海的历史瑰宝层层叠叠，不落尘埃，交相闪耀在历史的天空，让人目不暇接。

或许是这片土地上的历史太过悠长、太过厚重，即使是专业的历史文化学者穷极经年亦难窥其万一。

《山西故事》的创意原始而又简单，就是想在浩瀚的历史时空中，撷取那些时光凝成的精华，把发生在这片土地上的最重大的历史事件、最重要的历史人物、最典型的历史地理变迁和传承至今的文化风物，用小故事的方式呈现给您，让您在愉快的旅途中、茶余饭后的闲适中、忙碌工作的余暇中，轻松地了解中国山西、读懂中国山西、爱上中国山西！

王一新

# 目录

## 先秦时期

# 隋唐时期

## 五代十国时期

## 宋辽金时期

# 元明清时期

# 民国时期

先秦时期

# 涿鹿之战
## 蚩尤血染盐池

    上古时期有黄帝大战蚩尤的传说，即涿鹿之战，运城解州的名字就缘于这场战争，据说是蚩尤被分解身首的地方。

    解州有方圆百里的盐池，夏季颜色鲜红，当地人祖祖辈辈说是蚩尤的血染成的。盐池东南的从善村以前叫蚩尤城，还有个蚩尤冢，传说蚩

运城盐池　梁　铭／摄影

尤就葬在这儿。

中国人常说自己是炎黄子孙，意思是华夏民族的始祖炎帝和黄帝的后代。也有专家认为黄帝和炎帝并不是人名，而是四五千年前黄河流域著名的部落首领称谓。《史记》开篇《五帝本纪》便记载了黄帝的事迹。古代神话《山海经》里也详细介绍过黄帝，还描述了上古时期这场大战。

蚩尤是东夷部落首领，他造的戈、矛、戟等铜兵器，尖利无比，后来他想把部落地盘扩大到黄河流域，黄帝当然不能答应，一场战争在所难免。

传说战争打得非常惨烈，作战3年，大小战斗72次，风雨旱雾都成为武器。最终黄帝擒获蚩尤，并肢解了他，蚩尤的血染红了盐池。

这一仗让黄帝成为部落联盟首领，他在位很久，人民生活安定，文化进步，出现了很多发明创造，比如文字、音乐、宫室、舟车，黄帝的妻子嫘还发明养蚕缫丝，教人们做衣裳，告别树叶兽皮。此外，古代医学也已开始萌芽。

蚩尤虽然战败，但也因为他的勇猛而被后世奉为战神。

# 尧封唐地

## 都城建在平阳

2001年，山西襄汾陶寺遗址的发掘证实，这里是唐尧初封的地方。

尧舜禹和黄帝蚩尤一样，都是部落首领的名称。传说，尧十三岁的时候，辅佐同父异母的哥哥帝挚，被封到了唐地，所以他也叫唐尧。帝挚在继位9年后看到尧征服九夷，名声远扬，很多诸侯都归附他，帝挚很佩服，带着群臣去了唐地，主动把帝位禅让给了尧。帝尧把都城建在平阳，就在现在的山西临汾。

今天临汾城南"帝尧故里"伊村，还有万历年间立的"帝尧茅茨土阶"石碑。当时百姓生活艰难，尧也同甘共苦，穿粗布衣，吃糙米饭，住土屋子，过得非常简朴。尧的生活虽然清苦，但于国事上却毫不怠慢，他物色了很多才能出众的人担任各种官职，做出了很多政绩。如派羲和制定历法，确定一年三百六十六天，测定春分、秋分、夏至、冬至等各种节气，指导农业生产；派鲧、禹治理洪水，肆虐多年的滔天洪水被疏通后流入了大海。

今临汾西南的尧庙，是历朝历代祭祀尧帝的地方，其中唐代的五凤楼就是在尧帝和大臣们议事的地方修建的，象征着君臣和谐，政通人和。

# 尧舜禅让
## 丹朱争权失败

在临汾郭村和涝河之间，有着纯净黄土筑就的尧陵，高50米，环周80米，远望就如一丘峦，非常壮观。它是中国最古老的陵墓之一。

中国明君始自尧。除了说他是古代传说中的圣人，还因为他推行了禅让制度，尧在今山西南部把帝位禅让给了舜。

尧年老时，最让他操心的，是接班人问题。

有人建议让尧的长子朱继位，尧不同意，坚持要选择德才兼备的贤人。他先是听说许由德高义重，专门去拜访，结果许由说我要天下没啥用处，逃到山中隐居起来；尧又去找另一位贤人子州支父，也被人家托病推辞了。当尧听说历山有个舜，是个能教化百姓、移风易俗之人时，决定考验考验他，是不是接班的合适人选。

尧的考验办法很奇特，他把自己的两个女儿娥皇、女英嫁给舜，想看看舜怎么待人接物；又让9个儿子到舜那里同吃同住同劳动，看他怎么为人处事；观察舜在野外遇到狂风暴雨时会不会慌乱误事。经过3年考察，尧命令舜代理行政。

对于尧禅位于舜，并非都是赞同声。治水的鲧就拒绝接受，共工也表示反对，年老的尧为此不惜兴兵讨伐鲧和共工。

舜摄政20年后，尧才把帝位禅让给了他。

尧死后，舜把朱流放到丹水。很快叛乱纷起，鹳兜、三苗、夸父、共工等部族拥戴丹朱称帝。帝舜大军各个击破，把他们驱逐出中原，丹朱投水自尽，尧时代夷夏联盟的局面土崩瓦解了。

在唐初的时候，尧陵前筑了祠庙，现仍存山门、牌坊、厢房、献殿、垛殿、寝殿等建筑，祠内存有碑碣10余通，还保留有明嘉靖时立的尧陵全图碑刻，至今完好。

# 舜都蒲坂
## 官员分工考核

在万荣县稷王山麓的太赵村，有一座修建于宋代的稷王庙，是为了纪念后稷而建的。在山西南部，这样的庙宇有多处，比如新绛的谷神堂，供奉着后稷和伯益。传说中他们都是舜禹时代的官员。后稷本名弃，是教百姓种植五谷的农业长官；益则是辅助大禹治水有功的人。

舜接受尧的禅让后，定都蒲坂，大约在现在的运城永济，这里成为当时的政治经济中心。

舜一上位就给各大臣们封了官。禹担任司空，治理水土；弃担任后稷，掌管农业；契担任司徒，推行教化；皋陶担任"士"，执掌刑法。

以前大家是没有分工的，乱哄哄地议事干活，现在有了职务，每三年考核一次，奖优惩劣。传说皋陶制定了我国第一部《狱典》，判案公正，被列为接班人，但他英年早逝了；管音乐的夔，曾用音乐使舜名声远扬，立下功劳，后来却因为生活放荡被革职。

舜每五年要全国巡视一次，四方诸侯分别在泰山、华山、衡山、恒山向他汇报工作。舜借此视察四方政治、经济、军事状况，了解当地百姓的生产生活。

相传，舜还划定了十二州的地域：冀州、兖州、青州、徐州、豫州、扬州、荆州、梁州、雍州、幽州、并州、营州。十二州首领管理百事。舜训导他们颁布历法，发展生产，明白衣食是人民的根本，只有推行德政，才能四方归顺。

舜死后，一说是葬在湖南宁远县的九嶷山，但现在运城盐湖区西曲马村也有个舜帝陵。唐开元二十六年（738）当地始建舜帝陵庙，但毁于明代地震，现在多为清代遗构。

2010年，运城举办了首届舜帝德孝文化节，提倡"德政千秋、孝行天下"，到2014年，已经举办了五届。

# 禹都安邑
## 夏启终结禅让

禹继位后，把都城建在安邑，即现在山西夏县禹王城。

禅让制的决定权完全在首领手里，每次传贤和传子这两种方案都伴随着激烈的斗争。

随着权力越来越大，财富也越来越向部落联盟首领集中。禹召开诸侯大会，居然有上万个诸侯和方国首领参加，他们还带来了美玉和丝帛做礼物。有一次开诸侯大会，防风氏的国君迟到了，禹直接让人把他拉出去斩了。

禹的做派已经类似后世集权社会的天子了。

禹也让过贤。先是表示要让位给皋陶，但皋陶英年早逝了，又宣布让贤给和他一起治了十几年水患的益。据说，当年禹和益治水时，每到名山大泽，就会把见闻传说记录下来，这就是后世的《山海经》。禹让益辅佐政务，却同时把文武百官都换成儿子启的亲信，并积极在诸侯国中为启培养势力。

禹去世后，按照禅让惯例，三年丧期结束，益要避让前帝之子一段时间再登帝位，以表示自己的谦恭，但当益避居后，诸侯们都去朝见启，并说启作为帝禹之子应该继承帝位。

益当然不甘心，他本来就是东夷部落的首领，有私人势力，于是迅速把启监禁起来，向天下宣布：帝位是禹禅让给我的。

不料启得到了狱官的帮助，成功脱逃后动用军队和各诸侯国的勤王队伍，打败并擒获了益，杀掉了他和他的支持者。

这场斗争意味着阶级社会的正式开始。

启登帝位后，公开宣布君位的父子世袭制度。这样，原来的公天下就变成了家天下。禹所在的部落以"夏后氏"为号，所以启建立的王朝也定名为"夏"，他尊父亲禹为夏朝的创立者。

中国历史上第一个奴隶制王朝成立，仍定都安邑，安邑也因此成为中国首个奴隶制王朝的首都。

# 桐叶封弟

## 叔虞被封唐地

唐，就像汉和华夏一样，历来被看成是中国的代称。

人们一般认为，唐源自唐朝，是李氏家族建立的王朝国号，但如果追溯的话，"唐"这一称谓源自古唐国。

唐王朝的国号来自李渊袭封的"唐国公"，这是我国历史朝代定名的惯例和范式。但一直往前追，可追至尧，他曾被称为唐侯，把封地唐治理得很好。

那么唐到底在哪里呢？

《史记》中说，"封叔虞于唐，唐在河汾之东，方百里，故曰唐叔虞。"按这个说法，古唐国大约在晋南地区黄河与汾河以东，方圆百里内，这里是商代有名的诸侯国，西周时，成为叔虞的封地。在今天翼城、曲沃、襄汾一带，清初顾炎武实地考察后，更是把范围缩至翼城。

在翼城和曲沃交界处的曲村—天马遗址，是山西最大的西周遗址，挖掘出了九代晋侯和国君夫人墓。因为晋国的前身是唐国，所以这里很可能就是唐国都城。

在很多史书和民间传说里，都有桐叶封弟的故事。年幼的周成王和弟弟叔虞在一起玩，成王把一片桐叶剪成"圭"的样子，交给叔虞说："我拿这个来封你。"一旁的史官不但把这话记下来，还借着君无戏言的道理让成王兑现了承诺，让叔虞被封到唐地。

但分封诸侯这样的大事真的会这么儿戏吗？唐朝柳宗元为此特意写过《桐叶封弟辨》，说这太不可信了。山西侯马盟书的发掘者、考古学家张颔也写过类似文章，他认为是"桐""唐"古文字音同形近的讹传，大多是战国人的附会。

不过叔虞把唐国治理得非常好，他的后代沿用他的治国方针，国家越来越富强，对后世产生深远的影响。

现在太原西南的晋祠，就是为纪念叔虞而建。

# 晋献嘉禾

## 唐国改称晋国

2014年6月，在曲沃，山西第一座大型遗址类博物馆——晋国博物馆在中国文化遗产日对外开放，展出中国目前发现的商周时期最大的车马坑、晋国国君及夫人墓葬、千余件西周精品文物，这是第一座完整展示晋国历史文化风貌的博物馆。

说起晋国，还得从叔虞说起。因为他的封地在唐国，所以他被称为唐叔虞。

叔虞把唐这个诸侯国治理得很好，国泰民安。在《史记》里讲有一年，唐叔虞治下收获了一穗二茎共生的粟禾，就是一大谷穗，被看成是天降福瑞，叔虞把它进献给哥哥周成王。成王非常高兴，又让叔虞转赠给他们在外平定叛乱的叔叔周公旦，还特意写了篇文章《馈禾》；周公接受后回复了篇《嘉禾》，以表达对成王的感谢和对祥瑞的赞美。

这在古代农业社会是非常重大的事件，对唐国来说也是莫大的荣耀。

　　"晋"的篆文，是器物上放有东西向神明或上级晋荐的会意字，所以，当叔虞的儿子燮父继位后，把国号由唐改成了晋，很多学者认为起因就是这件事。除此之外，还有两种说法，一是说因境内有晋水而改名；一是认为唐国的射箭技术历史悠久，有训诂和考古专家认为是

晋侯鸟尊　王新斐／摄影

"晋"即"箭"字的缘故。

晋国在历史上存在了600多年，陆续吞并了霍国(今霍州)、魏国（今芮城）、耿国（今河津）、虞国（今平陆）、虢国（今平陆、三门峡），占据着今山西中南大部地区。

后来通过不断地扩张，除了今天的山西，晋国地域还扩展到今河南、河北大半和内蒙古、陕西部分地区，春秋时期始终是中原大国；战国时代，源自晋国的韩赵魏占据了战国七雄中的三个席位。

就像齐鲁代指山东、燕赵代指河北一样，三晋成为山西的别称。

# 曲沃代翼

## 王位争夺频发

春秋时期有多少封国？仅末期有记载的就170多个。

封国之间相互吞并，封国内逐君弑君事件达40多起，但晋国在绵延六七十年的内乱间，连杀五六任国君，同宗手足相残、王室小宗取代大宗的历史，在封国间绝无仅有。

这就是著名的"曲沃代翼"。

翼是晋国早期都城，曲沃是晋国的大邑，是第二大城市，但古曲沃不是现在的曲沃，而是指山西闻喜一带。

叔虞的基业传到了第九世晋穆侯，穆侯有两个儿子，老大叫仇，老二叫成师。晋国的乐官师服觉得奇怪：仇是怨仇，成师是成大业，今后的晋国恐怕要大乱。

居然让他一语成谶。穆侯死后，他弟弟殇叔篡位，打破嫡长子继承制，太子仇避走他国。过了几年，仇带领他的部下实现了哈姆雷特式的复仇，杀了叔叔后登上王位，这就是晋文侯。他在位35年，和各大诸侯合力辅佐周政权，帮助周平王东迁都城，实现了晋国的第一次发展高潮。

文侯死后，儿子晋昭侯继位，为了削弱殇叔一系的势力，他把叔叔成师分封到曲沃，没承想这是"前门驱虎，后门引狼"。成师当时已经五十八岁，在复杂惨烈的政治斗争中积累了大量的经验，借机拉拢贵族，扩充势力，大施德政，曲沃成为比都城翼还要大的政治经济中心。

公元前678年，曲沃派经过七十多年几代人不断地努力，到武公的时候，发动政变，占领了晋国所有的土地，登上了王位，曲沃派终于取代了翼派，夺得正统。

武公把晋国所有的宝器都献给上台不久的周僖王，成功地把晋侯更号为"晋公"，取得"公侯伯子男"中的最高等级，军队建制由一军逐渐扩成三军，开始了晋国称霸中原100多年的历史，也拉开了春秋时期礼崩乐坏的大幕。

# 骊姬之乱

## 酿成九王夺嫡

曲沃代翼之后，晋献公把都城迁到了绛，现在山西翼城县东南部。

晋献公带给晋国第二次发展高峰，他在位时深知"任人唯亲"会危及王权，最大的手笔就是巩固君权、诛灭公族。晋成为春秋时期各国中唯一没有公族的诸侯国，以血缘关系为纽带的公族宗法体制被摧毁。

但晚年后，献公迷恋年轻美丽的骊姬姐妹，更宠爱她们生的两个儿子——奚齐和卓子，致使"骊姬之乱"的发生。

献公一共有九个儿子。太子申生是夫人——齐桓公女儿姜的嫡生子，他和同父异母的两个兄弟重耳、夷吾是最有出息的三位公子，在朝中都有自己的势力和武装力量。

骊姬想让儿子继位，就先得除掉这三位。于是她使了调虎离山计，说服献公把三个公子派驻外地。

晋献公二十一年（前656），骊姬设计，在太子申生献给献公的祭肉里下了剧毒，栽赃这是三位公子的合谋。献公大怒，不分青红皂白就下令捉拿三人。

消息传来，重耳和夷吾纷纷到别国避难。大家让申生赶紧出逃，但申生决定以死来自证清白，他上吊自尽了。

献公死后，内政大乱，骊姬先后立十一岁的奚齐和九岁的卓子为国君，但都被大臣诛杀，机关算尽的骊姬最终投了湖。

夷吾在秦国的帮助下回国，但因背信弃义又在秦晋战争中做了俘虏，割城让地不算，还把儿子给秦做了人质。他死后，被扣在秦国的儿子丢下妻子，潜回国内即位，引起秦穆公不满，认为他们父子都一样是忘恩负义的人，他要为秦国寻找一个靠得住的盟友，于是派使者把在外流亡了8个国家的重耳接来，派3000人马支持他回晋争夺君位。

重耳四十三岁流亡，即位时六十二岁，他就是鼎鼎大名的晋文公。

至此，在父亲献公死后，血雨腥风中历经兄弟侄儿四任国君，晋文公终于登上了历史舞台。

# 文公称霸
## 晋楚城濮决战

晋文公回到晋国，在都城绛（今翼城）即位后，开始了执政之路。

流亡的经历使他了解了各国的现状和民间疾苦，所以从政之初，他就励精图治，发展农业和商业，改革吏治和军事，迅速地改变了国内多年的动乱状况。

晋文公即位当年，周王室内乱——周襄王的弟弟因为和王后通奸被发现，索性发动政变把哥哥赶走，自立为王。

周襄王赔了夫人又折兵，派出使者向晋文公求救。

晋文公意识到这是个"挟天子以令诸侯"的良机，迅速发兵日夜兼程勤王平乱，活捉了叛王，护送周襄王入宫复位，快速高效地平息了这场内乱。

周襄王很高兴，把现在河南境内的大片土地城市赐给晋文公，以示嘉奖。

晋国的崛起打破了列国间原有的政治生态平衡，和南方强国楚国形成对峙，晋楚争霸，势成水火。

公元前632年，晋楚两国正式在城濮决战，这一仗晋军以少胜多，是历史上的著名战例。它首创的诱敌深入、避实击虚、集中优势兵力各个歼灭敌人的作战原则，被后世军事家屡用不爽。

以前和楚结盟的国家都见风使舵，转向了晋。同年五月，晋文公召开诸侯大会，召集齐、鲁、宋、蔡、郑、卫、莒、陈8国，在践土（今河南原阳）举行。

本次大会特别邀请了周天子襄王，并为他献上俘虏、战车。周襄王在接受了战利品后，册封晋文公为"侯伯"，即诸侯之长，这样，晋文公名正言顺地成为霸主。

古代专制制度下，一个国家的兴衰和国君的能力密切相关，但晋文公作为政治家的卓越之处，在于深知人才的可贵。他流亡途中伴随左右的那批异姓官员，成为国家政治的中流砥柱。晋国也开启了长达一百多年的霸业。

# 下官之役
## 赵氏灭门惨案

《赵氏孤儿》是个在中国戏剧舞台上被演绎了数百年的故事，山西盂县的藏山因为它而得名。

晋国的望族赵家，一夜之间遭遇灭门之灾，只留下一个遗腹子。15年后，这个叫赵武的孩子长大成人，为族人复仇成功。

但《赵氏孤儿》其实是后人演绎出来的，原型就是晋国历史上的"下宫之役"。公元前583年，晋国国君景公发兵包围了赵氏宫室，杀了赵氏宗主赵同和全族老小，晋国最大的权势家族顷刻间灰飞烟灭。

逃脱的只有赵武和他的母亲赵孟姬（又称赵庄姬），她是景公的亲姐姐，赵武当时已经八岁。

让人大跌眼镜的是，这件事居然是由孟姬告发赵同谋反而起。

赵氏先祖赵衰为文公复国立下汗马功劳，他和儿子赵盾先后出任六卿之首，把执晋国朝政几十年。孟姬的丈夫赵朔是赵盾的儿子，和祖父一样，能干而低调，不像他的两位叔叔赵同、赵括那么飞扬跋扈，但可惜赵朔英年早逝，赵氏一族在赵同、赵括的张狂领导下其实早已危机重重，同各种利益集团间斗争激烈，出于对王权安全的考虑，景公对他们也早已心生不满。

压垮赵氏家族的最后一根稻草是孟姬放上去的。寡居的她和赵朔的叔叔赵婴齐私通的事被发现了，赵同、赵括认为有辱家风，执意清理门户，把赵婴齐赶出了晋国。孟姬本来就对赵朔把宗主的位子传给赵同、赵括不满，一气之下带着儿子求见弟弟景公，诬陷赵同、赵括谋反，才有了赵氏灭族的惨剧。

景公将赵氏的家产全部交给赵武继承。十七岁时，赵武正式继承宗主之位，逐一拜访六卿，包括曾出兵屠杀过赵氏的仇人。在血与火的淬炼中长大的赵武，低调内敛，一步一个脚印在政坛打拼，终于在四十三岁那年成为晋国正卿。

和戏剧不同的是，赵武主政的8年间，并未复仇，而是务实变革，诸卿间的斗争趋于缓和，国家停止了连年的对楚战争，他的后代们也从下宫之难中汲取了教训，建立了战国七雄之一的赵国，成为秦国统一全国时最强大的对手。

# 迁都新田

## 景公重掌政权

晋国的都城经历过几次迁移，绛（今翼城）作为都城的时间达近百年。

这期间，南面的楚国一直没有放弃争霸的斗争，北方的戎狄也一直虎视眈眈，而且国内公卿坐大，所以当景公继位的时候，日子不那么好过。再加上晋国国土面积一再扩大，绛作为都城已经很难担负起领导全国的重任，迁都被提上了议程。

大臣们都主张迁到盐池边去，守着盐池，国家富裕，百姓日子好过，但执掌国政的大夫韩厥有更好的建议。他说盐池边土薄水浅，人住久了容易得风湿和关节炎，还是去新田吧，那里土地肥沃，水资源丰富，汾河和浍河可以冲走城市的污秽，卫生条件好，人民顺从国家政令，不仅利于百姓安居乐业，也是奠定晋国千秋万代基业的一块宝地啊。

新田大约在现在的侯马，自古就是战略重地，不仅交通四通八达，也是黄河文化的发祥地之一，南边还有蕴藏着丰富矿藏的中条山，为晋国成为春秋时期最早使用铁器的国家创造了条件。

景公同意了韩厥的意见，公元前585年四月，晋国把都城迁到了新田。

不久后，晋国就成功剿灭了戎狄中最强大的赤狄部落，接着发动下宫之役，景公又对赵氏动了手，诛灭了其全族——其实他姐姐告赵家御状是4年前的事了，景公硬是等到迁都后才办。这件事让景公重新掌握失却多年的主政大权，在公卿之乱的斗争中控制全局，成功缓和国内矛盾，政权得到巩固，使面临失霸危机的晋国从低谷中走了出来。

新田作为晋国的最后一个都城，是当时重要的政治经济文化中心，堪与周朝国都洛邑比肩，其作为国都的历史延续了209年，直到公元前376年三家分晋才退出历史舞台。同年，晋国国号被废，晋静公被降为庶民，迁往今屯留。

1952年，在侯马考古发现了晋国古都遗址，至今仍在发掘。现在侯马市晋国古都博物馆内静静地陈列着455件文物，重现着当年的新田文化。

# 晋铸刑鼎
## 礼制走向法制

公元前513年冬天，晋国赵氏家族的首领赵鞅和荀氏家族的首领荀寅，在全国收集480斤生铁，联手铸造了个铁鼎，把从未公开过的刑法《范宣子刑书》刻上去，在新田公之于众。

这部法律废除了贵族特权，是晋国第一部成文法典，也是我国最早公布的成文法之一，是晋国从礼制走向法制的标志。

晋国第一次把法律向全社会公开，约束所有社会成员，推动了法律的公开透明，现在看来是社会的一大进步，但国内外却为之震动，引起了奴隶主贵族和守旧派的极大不安，鲁国的孔子很不以为然：晋国要灭亡了呀！贵贱等级不能错乱，大家都照法律行事，不能下事上，贱事贵，那国家不就大乱了吗？

孔子强调的是晋国从唐叔虞立国以来，几百年都遵循着在周礼基础上建立的政治制度和秩序，他认为治理国家只有强调上层阶层的典范作用，老百姓才会等级分明，各行其是，社会安定。如果抛弃了这个传统的政治体制，人们只要遵守刑鼎上的法就可以，官僚阶层不需要以高标准来严格要求自己，那造成的社会混乱和动荡就根本不是法律能制约得了的。

现在看来这样的观点是很难理解的，但在当时的社会历史条件下，不论是周天子还是晋公，他们奉行的根本政治制度都是君主继承制，社会的安定和发展依赖人治，所以，政权在什么样的人手里，他们的素质和政治导向很重要。

作为法家思想的发源地，晋国法家反对维护贵族宗法等级制度的礼制，主张法律一旦公布，就应该人人遵守，"事断于法"，以法律为唯一准绳，坚守"刑无等级"的原则，这为后世的集权国家提供了法制基础。

# 侯马盟书

## 记录权力之争

　　1965年，在侯马市东郊浍河北岸的晋国遗址中，出土了5000余件玉片、石片，上面多用红笔写着结盟发誓的文字，是晋卿赵鞅同家臣约150人举行盟誓的约信文书，被称为"侯马盟书"。

　　经著名考古学家张颔先生研究，其内容有宗盟、委质、纳室，还有诅咒和卜筮等几类，从中能看到晋国内部激烈的争权斗争。

　　春秋中晚期，晋国六卿(智氏、中行氏、范氏、韩氏、赵氏、魏氏)强盛。每一家族都占有广大的领地，下面设立了很多县，这些县，有的是晋国扩张时兼并的小诸侯，有的是以前戎狄的地盘。到公元前6世纪，晋国已经有50多个县。

　　当时，六卿之间斗争得非常激烈。赵鞅名义上是晋卿，实际上垄断了晋国国家政权。在六卿搏杀到四卿的过程中，为了团结宗人、共同对敌，赵鞅多次和家臣盟约，用"上大夫受县，下大夫受郡"的誓令，直接打破了世袭制。

当时，县的地位要比郡高，爵位、封地都是靠世袭得来的，但到了赵鞅这里，他下令只要立有军功，不管你是世卿还是庶民，都可以获得土地、爵位的封赏，奴隶可以免除奴隶身份，这是一种全新的人才选拔制度，极大地调动了全军将士的积极性。

正是这场政治斗争，拉开了 "三家分晋" 这一重大事件的序幕。

侯马盟书是1949年以来中国十大考古成果之一，完整而系统的盟辞内容，在我国历史文献中是非常罕见的，目前在山西博物院收藏。

# 三家分晋

## 智伯水淹晋阳

晋阳古城，在现在太原的南部，曾是赵国初都、汉晋干城、东魏霸府、北齐别都、盛唐北京。

晋阳古城历史上遭过两次水淹，不是天灾，都是在政权更迭时战争中的围困之策。

第一次被水困是在2500年前。

赵鞅去世后，庶子毋恤继承爵位，就是历史上的赵襄子。襄子比他父亲在位时间久，经历了更为丰富残酷的权力争夺战。他先是攻占了代地（今大同一带），又和智、韩、魏一起瓜分了范氏、中行氏的土地。晋国国君请来齐国和鲁国的救兵讨伐他们，结果被打出国门，死在了流亡路上。

兼并斗争在晋国四卿间展开。智伯仗着自己拥立了新君，骄横无比，直接开口向其他三卿索要土地，韩氏给了，魏氏也给了，到了赵襄子这儿，被顶回来了。

智伯火了，故伎重施，联合韩氏和魏氏攻打赵氏。襄子一看，一路向北，跑到了赵家的属地晋阳。

晋阳军备充实，襄子把宫墙里坚固的墙木拿来做箭杆，宫殿中的铜柱化成箭头，在围困战中坚持了两年多。

最后智伯在城外的晋水挖渠筑堤，水淹晋阳。百姓的房子全被泡了，人只好都跑到屋顶上。

这招让韩氏、魏氏心存惊惧——他们的封邑旁边都有河道，智伯今

智伯渠　王新斐／摄影

天能这样对赵襄子，明天就能这样对付他们。正好赵襄子派了门客来策反他们，说如果赵被灭，下一个就是他们。

策反成功。

智伯在睡梦里听到战鼓声声，抬眼就看见韩赵魏的兵士驾着小船杀了过来。智伯的人马死伤无数，他本人也被襄子一路追到榆次后杀掉。

此后，赵、韩、魏三家控制朝政，瓜分了晋国土地，各自独立为国。公元前403年，周天子册封三家为诸侯，前376年三家废晋静公。这就是历史上的三家分晋，标志着中国历史进入战国时期。

晋国灭亡后，后人为了纪念故国，就以国号做了自己的姓，这些晋氏后代现在分布在山西、山东、四川等地。而至今在太原晋祠公园里，还存有智伯渠，清水流淌，供后人凭吊。

# 李悝变法
## 法家培训基地

三家分晋后，魏国把都城定在了安邑（今夏县）。

诸侯争霸的战国初年，为了富国强兵，在弱肉强食的丛林法则中活下来，各国相继开展变法运动。率先变法的就是魏国，领导人是魏相李悝。

在史书上，李悝留下的资料不多，但他的地位却很重要。他领导的变革不仅增强了魏国的国力，而且作为法家思想的策源地，魏国也为各国输送变法精英。

李悝变的是什么法？

首先是政治。他明确废除了官职爵位世袭制度，实行按劳分配、论功行赏。变任人唯亲为任人唯贤，从旧贵族手中剥夺了世代享有的政治和经济特权，根据功劳和才干来选拔使用官吏，打破宗法血亲牢不可破的阶层统治权力，吸引来像吴起、西门豹、乐羊等一大批优秀人才，这些人也成为推行改革的中坚力量。

其次是经济。正式废除"井田制"，允许土地私有买卖，鼓励百姓垦荒，评估境内土地，采取合理的税收政策。最大限度地发挥了土地潜力、保护了农民利益、保障了赋税收入，这对于地少人多、农业立国的国情非常适用。

最重要的是他制定了中国历史上第一部系统的地主阶级法典——《法经》，虽然原文丧失，但主要内容却在史料中保存下来：以盗、贼、囚、捕、杂、具六法，来保护新兴地主的私有财产神圣不可侵犯。

魏国的改革使它迅速拥有政治、经济和军事上的优势，成为韩、赵、魏三晋联盟中的首领国。

据说，因为有了魏国的成功案例打底，后来吴起去楚国主持变法，很快见了成效；商鞅去秦国，帮助秦孝公变法，随身带着的魏国变法宝典被视为强国之术，商鞅变法大获成功，为秦统一大业打下了坚实基础。

后来的《秦律》《汉律》都是在《法经》基础上完善而成的。

# 胡服骑射

## 赵国由此雄起

灵丘县城郊外，有赵武灵王的陵墓。

他是战国时期赵国的第六代君主，在历史上以"胡服骑射"的改革闻名。他北驱匈奴、开拓北疆、修筑长城，灵丘县也因为他的墓冢而得名。

2300多年前，赵武灵王以事关国家安全大局为名，在贵族们的强烈反对中，下达"胡服令"，全国总动员，力推服饰改革，从而推进军事改革。

胡服是针对当时的中原服装而言的。中原传统服装是长袍宽袖，而胡服则是短到腰部的袄和收紧裤口的长裤，皮带长靴，方便行动，利于作战。

当时从东、西、南三个方向，赵国分别受到实力雄厚的齐秦魏的觊觎，北边还和林胡、楼烦、东胡、中山等少数民族杂居，时时被侵扰。

中原各国打仗惯用战车，但在山区却寸步难行，士兵穿着宽袍大袖的衣服也跑不利索，因此改变着装成为改革的首要任务，目的在于提高军队作战能力。

赵武灵王要建立一支强悍的骑兵部队，代替原来的车兵和步兵。他先招募有骑射特长的胡人来当教练，亲自训练出一支精锐骑兵团，又把他们分派下去教学训练，很快全国上下掀起了穿胡服、练骑兵的风潮。

举全国之力，大规模的骑兵军阵训练顺利完成，赵武灵王亲自率兵出征，仅用了几年时间，到公元前300年左右，中山等国一一被收服，赵国的疆域扩大到恒山至阴山一带，开辟了广大的游牧和半游牧地区，把胡骑一路赶到漠北。为防范他们再来侵扰，赵武灵王在今天的山西北部和内蒙古一带设立了云中、雁门、代三郡，并修筑了绵延巍峨的赵长城。

至今，山西北部沿恒山、芦芽山北麓到黄河一线仍有赵长城遗址。

"胡服骑射"虽然是一场军服改革，但影响却是多方面的，使人们的心理和思维方式发生了明显变化，打击了"先王之道不可变"的保守思想，缩短了胡人和华夏族二者之间的心理距离，促进了二者之间的文化交流，为以后的民族大融合和国家大统一奠定了心理基础。梁启超认为赵武灵王是黄帝以后的第一伟人。

# 长平之战
## 坑卒四十余万

弃甲院、围城、石门、箭头、三军……这些在山西高平丹河一带的村名，沿用了2200多年，全都源自中国古代史上最惨烈的一战——长平之战。

公元前263年，秦国大军的铁蹄，踏上了韩国的土地。

韩王被迫求和，答应割让上党郡17城给秦国，但上党郡守因拒绝执行割让旨意被免职；韩王令冯亭接替上任，没想到冯亭更彻底，直接把韩国这17座城池献给了赵王。

赵建国时定都晋阳（今太原南部），后来迁都邯郸。上党不仅是赵都的屏障，更是三晋的生命线，一场争夺战在所难免。

秦赵两军沿沁河、丹河布下阵来，赵国派出老将廉颇，秦国由王龁带兵。战场以长平为中心，直径上百公里，涉及现在的沁水、阳城、晋城、陵川、壶关、长子和长治等地。战局胶着，对峙了3年。廉颇的幕府就设在今天高平市东南5千米的大粮山上，原有廉颇庙，后被毁，近年来，高平市在原址上又重修了庙宇。

秦军长途奔袭，粮草供应困难，不再以占领土地，而是以消灭敌国战斗力为主要目标，虎狼之师残暴嗜杀，恶名远扬。秦王很焦虑，担心不战自溃，于是使了反间计，派人在赵国散布谣言，说廉颇怯战准备投降，秦军最怕的是名将赵奢的儿子赵括。

赵王平时就欣赏军事理论高手赵括，决定用赵括取代廉颇奔赴前线。

重病在床的蔺相如一听急了，对赵王说，"会读书和会打仗是两回事啊，万万不可啊！"

赵括的母亲也吓坏了，说儿子视战争如儿戏，只会空谈，如果选他作将，将是赵国的灾难。如果用他导致兵败，请求赵王不要降罪连累赵括族人。

但赵王一意孤行。赵括一到前线，立刻废除廉颇的军令，把有不同意见的将校全部免职，八位将校苦劝无用，集体拔剑自刎了，现在高平还有个八义村。

赵括不知道对方暗中把主将换成了白起，用针对王龁的战术全军出击，被秦军一切为二，陷入了包围圈，被困46天，到了暗杀战友分吃尸体的地步。赵括率5000精锐突围时被乱箭射死，其45万大军除240多名老弱残兵被放回报信外，全部被活埋坑杀，暴虐惨烈堪称古代战争之最。这就是著名的长平之战。

秦军此举一是无法解决庞大的战俘队伍，二是向各国示威。

经此一役，赵国严重受挫。秦军投入上百万兵力，十五岁以上男子全部参军，也死伤过半，国内半空。

直到现在，在高平的古战场上，还不时发现有箭镞、枯骨。

两汉时期

# 白登之围

## 和亲政策出台

和亲是中国历史上很特别的一种政治联姻方式。这事，汉高祖是开先河者。

刘邦登上皇位后大行封赏，晋阳城被封给了韩王信。为了抵御北边匈奴，韩王信主动提出把王都北迁到马邑（今朔州）。

当时恰逢匈奴最强大时期，匈奴首领冒顿拥有骑兵三四十万，占领了黄河中上游到贝加尔湖的广大地域。两军多次交战，但韩王信均以失败告终，连马邑都被包围了，只好求和。疑心重的刘邦写信去责问他，这下可把韩王信吓坏了，索性真叛变了，联合匈奴一起回头攻打晋阳。

汉高祖六年（前201），刘邦御驾亲征，一路追击，匈奴不住撤退。刘邦亲率两三万骑兵突进，30万的步兵大部队被甩在身后，但等出了平城（今大同），抢占了高地白登山后，他发现自己已被匈奴的40万精骑团团包围。

直困了7天7夜，遭遇大雪，刘邦部队被冻死冻残了二三成。谋士陈平想了个办法，给冒顿的阏氏送了厚礼，还送了幅美女图，连贿赂带威胁说："汉地有的是美女，如果不劝说冒顿退兵，我们会送更多的美女给他。"收了礼的阏氏给冒顿吹枕边风："就算你拿到了汉朝地盘也没用啊，不如多要点东西实惠。"冒顿一琢磨，觉得有道理，就放了刘邦一条生路。

人虽然回来了，但匈奴边患仍在，刘邦采用了大臣的主意，把宗室的女儿加上丰厚的嫁妆嫁给了冒顿，用和亲的办法来维护国家安全，实现民族关系的暂时缓和。这种民族政策成为后世很多朝代处理民族关系时的样本，昭君出塞、文成公主进藏都是这一政策催生的故事。

今天从大同往东7里地，有个马辅山，山上还有块清代立的碑，上面黑底红字写着"白登之战遗址"。和亲之策因白登之围而起，和亲路线也是经由此地北出塞外的。

# 后土大祭

## 一曲秋风传千古

　　传说轩辕黄帝平定天下，在汾阴（今万荣）扫地设坛，祭祀华夏始祖——圣母女娲氏。尧、舜之时，夏、商、周三代，都在这里举行祭祀活动。汉文帝十六年（前164），派遣官吏在汾阴县的黄河岸边修建后土庙。元鼎四年（前113），汉武帝在雍县（今陕西凤翔县南）祭天时，对大臣们说："今上帝朕亲郊，而后土无祀，则礼不答也。"让大臣们讨论祭祀后土事宜。太史令司马谈和祠官宽舒建议在汾阴县祭祀后土，汉武帝便"立后土祠于汾阴脽上"，率领群臣到汾阴祭祀后土，"亲望拜，如上帝礼。"太史令司马谈是《史记》作者司马迁的父亲，他的家乡夏阳（今陕西韩城）与汾阴仅一水之隔，他建议汉武帝到汾阴祭祀后土，应当说在汾阴祭祀后土的活动，在汉武帝以前就有很久的历史了。司马谈作为史官，熟悉历史上的祭祀情况和汾阴县的风土人情，所以向汉武帝提出了这样的建议。

汉武帝在祭祀完后土之后，泛舟于河汾之间，同群臣欢宴于船上，极目四望，秋风萧瑟，草木落黄，鸿雁南归，即景生情，吟唱了一首流传千古的《秋风辞》：

万荣秋风楼　李广洁 / 摄影

秋风起兮白云飞，

草木黄落兮雁南归。

兰有秀兮菊有芳，

怀佳人兮不能忘。

泛楼船兮济汾河，

横中流兮扬素波。

箫鼓鸣兮发棹歌，

欢乐极兮哀情多，

少壮几时兮奈老何！

后来，汉武帝又在元封四年（前107）、元封六年（前105）、太初元年（前104）、太初二年（前103）、天汉元年（前100）先后五次到汾阴祭祀后土，并在后土祠建造了一座万岁宫。汉宣帝在神爵元年（前61）、五凤三年（前55）两次到汾阴祭祀后土。汉元帝在初元四年（前45）、永光五年（前39）、建昭二年（前37）三次到汾阴祭祀后土。汉成帝时也曾4次到汾阴祭祀后土。

从汉武帝到汉成帝，100余年间，4位皇帝15次到汾阴祭祀后土，可见当时朝廷对汾阴后土祭祀活动的重视。

# 匈奴南迁

## 推动民族融合

在中国历史上，中原王朝与匈奴交战史约500年。赵武灵王曾北破胡人，赵将李牧、秦将蒙恬、汉将卫青和霍去病都曾打得匈奴不敢犯边。历代汉家王朝和匈奴的主战场，就在现在的山西北部地区。

东汉时，北方草原发生了连年蝗灾，匈奴内部争夺王位的矛盾也越发激化，匈奴南部的日逐王比在争夺中失败，与汉朝私下沟通，他的选择得到了其统领的八部大人拥护，也得到了汉朝的允许，公元48年，日逐王比带领南部四五万人臣服汉室，从此匈奴分裂成了南匈奴和北匈奴。

北匈奴往西进入欧洲，对欧洲中世纪历史产生了巨大影响，相传匈牙利人就是他们的后裔；南匈奴继续南下，进入今天的内蒙古、河北、山西等地区。

部分匈奴人在雁北地区，即今大同、朔州一带定居下来，实现了大规模合法入住。

原先这些地区因为对匈作战，汉政府曾被迫放弃过的8个行政设置，现又重新恢复了，原先被政府内迁的百姓也被迁回。东汉政府不断向这里派官移民，实现了汉匈两个民族的杂居。

140年，南匈奴发生内乱，杀了汉朝的地方官，政府无力镇压，把郡治纷纷南迁，难民们也跟着官兵南逃，原来北部的匈奴人也跟着进来了，南匈奴的主体从此转入今山西地区，最后集中在汾河流域，至少有15到20万人，并州一带最为集中。这些人和汉人没多大差别，也承担赋税劳役，被称为"并州之胡"。

塞外匈奴南下内迁一直持续到三国西晋时，并州已经成为匈奴人的大本营，是匈奴部众最集中、人数最多的地区，继春秋时期后，再现民族融合高潮。

西晋北朝时期

# 永嘉之乱

## 西晋由此灭亡

304年，匈奴贵族刘渊在左国城（今山西离石）起兵，自称汉王；到了晋怀帝永嘉二年（308），刘渊在平阳（今临汾）称帝，建立汉国。

中国北方从此陷入分裂混乱，直到鲜卑拓跋氏建立北魏，在长达136年的时间里，北方的少数民族先后建起很多国家，史称"五胡十六国"。

胡人是当时对少数民族的称呼，包括匈奴、鲜卑、羯、氐、羌等。晋朝王室腐化严重，政治黑暗，这些少数民族久受压迫，积怨甚深。除了向国家提供劳役及赋税，很多胡人被迫成为佃客或奴隶，在并州当佃客的匈奴人达数千人，他们甚至被随意贩卖，以备军费开销，如建立了后赵的石勒在少年时，就曾被贩卖到冀州当奴隶，因此胡汉之间矛盾重重，一触即发。

永嘉之乱的爆发，可说是胡人反抗的高峰。

刘渊死后，311年，他的儿子刘聪攻破洛阳，俘虏了晋怀帝，战乱期间杀晋军和百姓十几万人，这就是历史上的永嘉之乱。

汉人纷纷出逃避战乱，中原地区十之八九都走了，包括很多世代在这里生活的望族，比如林、陈、黄、郑、詹、邱、何、胡八大姓氏，引起了中国历史上第一次汉族人口大规模南迁。中原士族纷纷南下，就是历史上说的"永嘉之乱，衣冠南渡"。他们给当时尚未发展的南方带去了人口、资金、技术和文化，也为晋室南置、在建康（今南京）重新建都奠定了基础，这就是东晋。

当年大规模南迁的北方人，进入南方地区定居下来，他们中的一部分成为后来的客家人。

# 法显西行

## 记录佛国经历

  《西游记》的故事在中国家喻户晓，去西天取经的唐僧原型是唐朝玄奘法师，但从历史记载看，法显（今山西襄垣人）比他足足早了228年，是中国西行求法的第一人。

  佛教自汉朝从印度传入中国，到了东晋时期繁荣起来。法显几十年在青灯古佛前研读佛经，发现有很多残缺失误，戒律经典尤其缺乏，使广大教徒无法可循。399年，年过花甲的法显决定西行，到佛教的发源地印度去求法。

  法显西行一样历经坎坷与磨难。从长安出发，经过兵荒马乱的河西走廊，沿着丝绸之路西出阳关，越过塔克拉玛干大沙漠，翻过西域葱岭，穿过今天的阿富汗、巴基斯坦等地区，用双脚走了5年后，终于到达印度。

  但当时的印度佛经只靠口口相传，没有文字记录，法显于是学习梵语梵文，逐字逐句地记下经文。

7年后，他带着11种佛经，乘商船从海上回国，结果被暴风吹离航线，在海上漂流了100多天才看到陆地。

法显在《佛国记》中说当地人称这是耶婆提国。据后人考证，耶婆提国在今印度尼西亚爪哇岛或苏门答腊岛。

5个月后，法显乘坐的船再次起航，终于回到了中国。

年近八旬的法显投入到了翻译佛经的工作中，100多万字的佛经，几乎是每译一卷就流传一卷，在佛学界和社会上都引起了轰动。佛教对中国文化的划时代影响，不但是新思想的进入，使魏晋南北朝的清谈从谈老庄变为谈佛，还在6世纪形成了白话文，并在此基础上形成了平上去入四声。

1908年，法显逝世1500年后，法国人在敦煌石窟的佛教文献中，发现了法显的《佛国记》抄本。其实早在19世纪，《佛国记》的德译、法译、英译本就已经在欧洲出版并产生影响。

《佛国记》不仅对研究古西域和印度提供了重要文献，其对信风和航船的详细描述和系统记载也是国内最早的。

# 西燕建国

## 慕容定都长子

　　喜欢看金庸小说的人都知道《天龙八部》里的姑苏慕容。公子慕容复有着"北乔峰、南慕容"这样响当当的江湖名号，他为了复兴燕国大业不择手段，最后发了疯。

　　慕容公子心心念念的燕国，历史上真的有过，而且不止一个，但不在宋辽时期，而是在十六国时代；也不在南方，而是北方大国，其中西燕国还曾在长子定都。

　　燕国是公元342年，鲜卑人慕容氏在东北建立的，版图包括现在的朝鲜半岛部分地区、东北大部、中原东部，直到公元370年被前秦灭国，大批的鲜卑人被迁到关中。

　　从此，慕容世家走上了复国之路，之后建立的后燕、西燕、南燕都是慕容家族的复兴之国，但也内讧不断，血腥纷争无数。

　　386年，率领40万鲜卑族人出长安返回关东的慕容永，在带领部众来到襄陵（今山西临汾东南）地界时，和前秦苻丕的部队遭遇。虽然大败苻丕，但鲜卑一族也损失惨重，而且已经离开长安快一年了，人马疲惫不堪，慕容永决定定都长子，自立为西燕皇帝。

西燕国有过几年的好日子。慕容永休养生息、发展经济、减轻人民负担，占据了太行山和黄河之间的大片区域。但好景不长，394年，被同是慕容家族建立的后燕灭了。

现在长子县有个慕容村，原先一直叫"墓穴"村，当地百姓认为慕容永就葬在这里的丘寺岭，因为世代都有为其守墓的人，就慢慢形成了村落。传说，慕容永是五月初八被杀的，当地人就把这个日子作为他的祭日，每年举办三天庙会，后来，遗址被毁，庙会就移到了西汉村，至今仍在延续。

慕容家族被演绎成武侠小说中的江南第一世家，有一点金庸没说错，慕容家族代代出美男——其中有个慕容冲，史称五胡十六国时期倾国倾城第一人。

# 太武灭佛

## 首次灭佛运动

中国历史上发生过4次大规模的灭佛事件，都是因为宗教威胁到皇权统治，当宗教占用大量人口和土地，财源无法流向国库时，灭教运动一触即发。

北魏统一了北方地区，与南朝对峙。皇帝拓跋焘南征北战，让太子拓跋晃留在首都平城（今大同）监理国家事务。

北魏是佛道并存的国家，皇帝登基时，都会采用道教仪式，由道士祝福。太武帝拓跋焘和重臣崔浩都是道教徒，太子晃却虔诚奉佛。

十六国时期的几个大国，都十分崇尚佛教，后秦更是将其奉为国教。拓跋焘起初并不排斥佛教，也常请教高僧大德。然而佛教发展太迅猛了，让皇帝在战争中越来越感到人力匮乏，438年，他曾命五十岁以下的僧侣还俗以充实军力。

446年，因陕西发生民变，拓跋焘率兵平乱，驻军长安，各寺僧侣殷勤接待，却被士兵发现在佛寺里暗藏着大量武器，同时发现这里的寺院多设密室，供和尚和贵族妇女们淫乱。

被激怒的拓跋焘活埋了私藏武器和妇人的和尚，认为寺院和民变有关，意在谋反，于是下令在全国（北中国）范围内灭佛。毁灭佛寺，诛杀僧尼，焚烧经像，掀起中国历史上首次大规模灭佛运动。

拓跋晃虽奉父命焚毁了大量寺庙佛塔，却也暗中保护一些僧侣逃命，收藏了一些经文和佛像。

鲜卑贵族多信奉佛教，在太子的周围慢慢形成了一股力量，在权力斗争中，太子党纷纷被处死，太子又忧又惧，不久抑郁而终。拓跋焘日夜思念太子，这让陷害太子党的一派非常恐惧，452年，他们又下手杀了皇帝。

574年，信奉儒教的北周武帝兴起了第二次灭佛运动，佛道两教都被禁止，这之后还有唐武宗、周世宗的灭佛运动，在佛教史上被并称为"三武一宗"法难。

# 文成复佛

## 云冈石窟始成

灭佛运动让北魏国内一度谈佛色变。文成帝继位后，颠覆了祖父拓跋焘的做法，展开了声势浩大的"复佛"行动。

452年，文成帝下诏恢复寺庙，任命高僧师贤为"道人统"，让他造一个"如帝身"的石佛像。

"道人统"、"沙门统"相当于北魏的国家宗教事务管理局局长，监统全国宗教事务。师贤的工程很快完工，展示的那天，大家都惊呆了，原来这个石像，无论体态还是神情，活生生就是一个文成帝，最让人惊讶的是它脸上和脚上，有几颗浑然天成的黑石，和皇帝身上的黑痣如出一辙。

这寓意着皇帝就是现在的佛。让鲜卑君主和佛同享荣光，无形地化解了拓跋焘大举灭佛在贵族和百姓间留下的阴影。

师贤之后，昙曜接替"沙门统"一职，接着干皇家工程。开山凿石，因岩结构，开凿了连绵15千米的武州山灵岩石窟寺，著名的昙曜五窟被考古学家判定为一期工程，即现在世界文化遗产云冈石窟的16—20窟，5尊大窟大佛分别对应北魏王朝5位帝王。

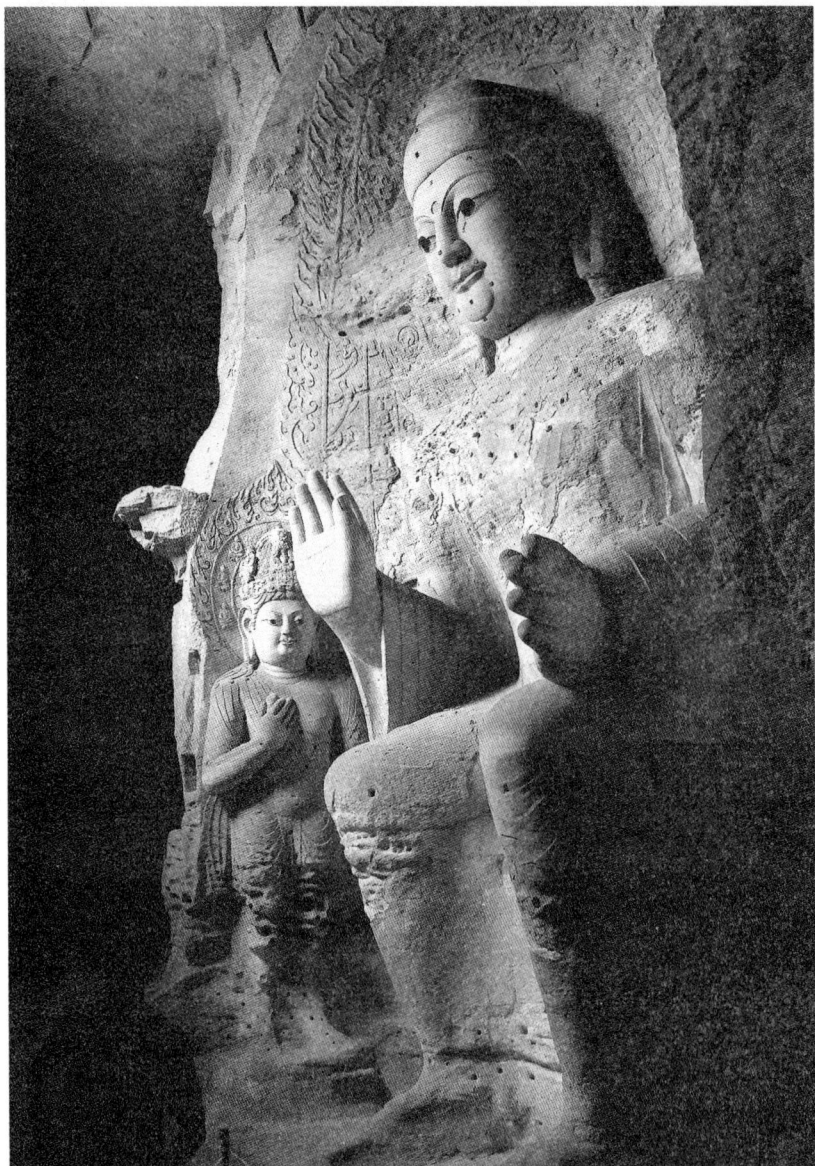

云冈石窟 梁 铭／摄影

以佛像造型来代表皇帝个人，这在以前从来没有过，是中国佛教的开创性行为。有记载称这或是北朝决定王储的方式，将皇帝候选人做成石像，以占卜的方式来决定皇帝人选。

同时，它还有另外一层政治意味：以"五"来实现"佛教儒化"，结合儒家五常、阴阳家五行、佛家五方来说明北魏王朝符合五德终始，意指它是奉天承运，天授王权的。

兴佛之风很快波及全国，形成中国开凿石窟的第二次高潮。

据不完全统计，山西现存18000多处古建筑中，佛寺占了一半，以云冈石窟为重点的北朝石佛寺是其中最早的建筑，也是中国规模最大的古代石窟群之一，主要洞窟有45个，有佛像51000余身。

# 北魏改革

## 冯后实施班禄

大同云冈石窟的第七、八窟与众不同，里面是两佛并坐像。

研究者说这是冯太后的贴身太监王遇督办的工程，应是冯太后在世时就雕刻完成的，寓意着太后摄政、一国二主。

476年，北魏皇权的接力棒传到了一老一少手里。说是老，其实只有三十五岁，即历史上著名的女主冯太后，少的是她十岁的皇孙拓跋宏。

冯太后带着小皇帝离开都城平城，四处巡访时，发现各地官吏贪污成风，分田掠地，百姓流离失所，怨声载道。

北魏王朝统一北方，立国已经半个世纪了，实行的还是游牧部落的统治方法。官员们的收入大都来自战争掳掠和皇帝赏赐，更多的是靠贪污或经商谋私利而得。

冯太后意识到，再也不能这样下去，必须来一场彻底的变革。所以名垂青史的"孝文帝改革"的前期决策和实施者，其实是孝文帝拓跋宏的祖母——冯太后。

484年，冯太后下诏，实施班禄制。禁止官员经商，从租调中增收帛三匹、谷二斛九斗，开始给官员发俸禄，如果官吏贪污超过一匹就处死。此举激发了贵族的不满，但冯太后决心已下，整顿吏治之心不变，第一年就处死了包括皇亲国戚在内的贪官40多人。

第二年，针对土地兼并严重的问题，又下令天下男女按家庭人口来划授田地，杜绝豪门贵族占田掠地的弊端，让人人有田种，这就是历史上有名的均田令。

第三年，颁布了三长制，五家设一邻长，五邻设一里长，五里设一党长，三长负责检查户口，推行均田制，收租调，征兵役。

改革三部曲完成，社会生产正常了，矛盾缓解了，削弱了豪族势力，增加了国家收入。尤其是均田制，不仅以后的隋唐沿用下来，还影响到了日本和朝鲜。

490年，冯太后去世，葬在永固陵，就在今天出大同往北的西寺儿梁山南麓，由于未经露天风化，至今石刻都还保存完好。

# 迁都洛阳

## 孝文计离平城

491年正月，永固陵，这里埋葬着一代女主冯太后。

朔风阵阵，严寒逼人，但挡不住一位年轻人前来拜谒。他，就是北魏孝文帝拓跋宏。除了对祖母的追思，更多的是大任独挑的重负感。

此时的孝文帝对国家做出了重大的战略调整：都城南迁！

当时的都城平城（今大同），历经百年建设后，已成为中国北方第一名城，也是国际大都市，来自西域、中亚细亚和高丽、百济等国的商人、使者络绎不绝，非常繁华。

但随着北魏国土不断向南拓展，长江以北的广阔地区都在其统治下，边塞都城已经不能辐射全国，起到政治、经济、文化中心的作用。拓跋宏的目标锁定在洛阳，那是农业发达的中原地区，可实现鲜卑族一统华夏的大业。但迁都这么大的事，必然会受到安于现状、不愿背井离乡的人们的反对，怎么办呢？

太和十七年（493）七月，拓跋宏下令全国进入战争状态。九月，拓跋宏到永固陵辞行后，亲自率领30万大军南征。一路秋雨，道路泥泞，将士们叫苦不迭，硬生生走了45天，才从平城走到了洛阳。稍作休整后，拓跋宏又命令继续南下。文武官员和士兵们实在受不了，跪在拓跋宏的战马前，不愿再走。

拓跋宏说，"兴师动众地出来这么久，怎么能无功而返呢？怎么向人交代！除非我们找个理由，就说是为了迁都到这里。"

大家一看，那只好宁迁都不南伐。

迁都的事就这样被拓跋宏搞定了。495年，平城的文武百官和家眷们都搬到了洛阳，为了让大家适应，拓跋宏允许他们冬天在洛阳，夏天住平城，慢慢过渡。

迁都奠定了孝文帝拓跋宏全面推行汉化的基础。800多年前，赵武灵王命令全国穿胡服；800多年后，孝文帝禁止全国穿胡服，下旨不得说鲜卑语，改鲜卑姓为汉姓，他作表率先改姓了元，并禁止同姓通婚，鼓励胡汉联姻。

从此，鲜卑逐渐和汉族融合。

# 弘扬佛法

## 昙鸾专修净土

2006年，一行日本学者来到山西文水，在文峪河北峪口村的高僧崖下，他们认定这里埋葬了净土宗的昙鸾大师。

北朝时，虽有过太武帝灭佛的悲剧，但整个北朝是中国佛教发展的第一个高峰期，今天的山西地区出现了多位高僧大德，如法显、慧远、昙鸾。汤用彤在《汉魏两晋南北朝佛教史》中说："北方大弘净土之业者，实为北魏之昙鸾。其影响颇大，故常推为净土教之初祖。"

昙鸾出身名门望族，雁门人，他从小在五台山佛光寺出家，学识渊博，是大乘佛学专家。

在注解佛经《大集经》时，昙鸾患了"气疾"，外出求医走到汾川秦陵旧墟时，他的病不治而愈。昙鸾感叹生命脆弱、时光短暂，决定为众生求长生之方。

昙鸾一直南下到梁朝，并和梁武帝萧衍讲经说法，深入切磋，萧衍直夸他是肉身菩萨。

在梁朝，茅山名道士陶弘景送他记录着长生之法的10卷《仙经》。昙鸾返回北魏时，在洛阳偶遇印度僧人菩提流支，获赠《观无量寿经》，这使他的认知发生了改变：原来道教的长生之法只能让人延年益寿，却摆脱不了生死轮回，只有依从佛法，才能从轮回中彻底解脱。

彻悟的昙鸾把历经辛苦千里迢迢取得的《仙经》一把火烧了，从此专修佛学净土宗的理论。

昙鸾的净土思想，描述了一个相对于俗世的神圣王国，众生平等而智慧，纯净而真诚，人与人之间，人与自然之间和谐安乐。抵达净土的修行方法，最重要的就是要常念佛的名字"南无阿弥陀佛"，开创了后世口诵弥陀的先河。

受到北魏皇帝推崇的昙鸾被称为"神鸾"，皇帝敕令他住在并州大寺。后来，昙鸾搬到今交城的玄中寺宣扬佛法，常常去附近的介山讲法念佛，上万人齐念"阿弥陀佛"，声音响彻云霄。

昙鸾创建的净土文化流传至今，日本净土宗也推崇昙鸾为始祖，以玄中寺为祖庭。近年来，玄中寺不断有日本僧人到访朝圣，成为中日文化交流的重要基地。

# 晋阳发兵

## 北魏末年乱起

北魏有个非常残忍的制度，一旦哪个皇子被立为太子，为防母凭子贵插手政事，要把太子的生母立即处死。第八任皇帝在立元诩为太子的时候，一时心软，废除了这个制度，留下了元诩母亲胡贵嫔的性命。

但好心没带来好报。元诩即位时只有六岁，胡太后成为北魏立国100多年来第一个生母皇太后，国家的政权掌握在她和她的两位情夫手里，除了大兴佛事外，她的贪暴无度激起多起民变。

528年，元诩已经长到十九岁时，觉得这样下去，太后会带领国家走向灭亡，就密旨镇守晋阳（今太原）的大将尔朱荣，请他带兵到洛阳，胁迫太后，除去她的两位情夫。

尔朱荣奉旨率领大军南下，走到上党（今长治）时，消息走露，胡太后先下手为强，把亲生的皇帝儿子毒死了。

尔朱荣不干了，发难质疑皇帝的死因，拒不承认太后的政权，并拥立元诩的堂叔元子攸当皇帝，日夜兼程向洛阳进攻。胡太后派出部队迎战，没想到大军阵前倒戈，洛阳陷落，胡太后被尔朱荣囚进笼子里，投到黄河淹死了。

此时距离太后毒死儿子，只过了两个月。

尔朱荣请文武百官到郊外去迎接皇帝元子攸，不料等待这2000多名官员的却是一场血腥屠杀。尔朱荣指责他们对国家动乱负有责任，命令骑兵马踏刀砍，悉数处死。国家的政权实际掌握在了尔朱荣手里。

北魏政府成为空壳，也为社会带来恐怖气氛，贵族阶层，包括皇帝元子攸自己，每天都活在不安中。

两年后，元子攸终于用计把尔朱荣骗进皇宫杀掉了。但他一直担心的事也终于发生了，尔朱荣的妻子北乡公主逃出城，集结家族武装，开始攻城。

很快，洛阳城破，元子攸被绞死，距离他欢呼除去尔朱荣仅三个月。

# 营建晋阳
## 高氏北齐别都

政权只存在了28年的北齐帝国，版图包括今天的山西、山东、河北、河南全部，还有安徽、江苏、辽宁、内蒙古的一部分，堪称一个强大的帝国。

它的奠基者，是一个牧民出身的英雄——半文盲者高欢，他挟天子以令诸侯，做了东魏的宰相，并把大宰相府——霸府建在了晋阳古城，现在的太原。

高欢的儿子高洋废了皇帝，建立了北齐。都城虽在邺（今河南安阳），但因为晋阳是创业基地，实际上成了东魏和北齐的政治中心，也被称为别都。北齐时晋阳的城建搞得风生水起，晋阳宫、大明殿、晋阳十二院，壮丽程度甚至超过了皇宫。还有天龙山石窟、蒙山大佛、天龙寺、童子寺、法华寺等都是当时开建的，为后世留下了珍贵的建筑文化遗存。天龙山石窟雕像以小而精被称为"天龙山式样"，现多尊佛像被存于哈佛大学博物馆内。

　　同样令人叹为观止的，还有北齐皇帝的累累暴行。高洋以杀人为乐，据说他在金銮殿上设着一口锅和一把锯，从早到晚不停地喝酒，不停地杀人。他做的最后一件事是把元姓皇族全部屠杀，包括婴儿。

蒙山大佛　王新斐／摄影

不止皇帝，整个北齐残暴之风盛行。

高家的疯狂在北齐的最后一个皇帝高纬身上达到顶峰。他的"壮举"是杀了军事天才斛律光，这位"落雕都督"的冤死，让邻国北周高兴得大赦天下。

576年，北周进攻北齐，占了平阳。高纬带兵从晋阳南下驰援。北齐部队日夜攻城，终于打开了一个缺口，正要冲锋的时候，高纬却停止进攻，请宠妃冯小怜来参观这个历史性时刻，以至战机尽失。

第二年，北周灭北齐，高氏皇族被诛杀殆尽。

隋唐时期

# 杨广北巡
## 修建长城两宫

607年四月，曾经的晋王、并州总管杨广第一次北巡。

杨广喜欢大场面。

世人皆知隋炀帝沿大运河南巡的场面，出巡时皇家的船有几千艘，纤夫8万人，但很少有人知道杨广的北巡，场面毫不逊色——随驾步兵50万，骑兵10万，连绵500多千米。

当时为联结四方，便于统治，修有直道。杨广曾征丁十几万，打通长达几千里、宽百步的道路。

第一次北巡，杨广经雁门前往突厥地区。

突厥可汗和妻子义成公主带着各部酋长前来朝拜杨广，进献了几万头牛马羊驼。

杨广很高兴，命人建造能容几千人的大帐，搞了一场盛大的宴会。狂欢的同时，杨广还没忘国防大事，征用了百万民夫，大修长城。一直到八月才返程，回到晋阳时，杨广下令建造晋阳行宫。

第二年春天，杨广二次北巡，再次出塞，去视察长城。他下令在管涔山的天池附近，汾河源头处建造汾阳宫，作为避暑的行宫。

管涔山在北魏孝文帝时就是皇家围猎场，后世各代沿袭了这个传统。杨广这次从恒山下来，也兴致勃勃地组织大家围猎，没想到一无所获，反而儿子齐王打了好多麋鹿来进献，搞得杨广不悦，郁闷地结束了本次北巡，之后六七年没有回来过。

今天的管涔山已经成为国家森林公园，其秀美奇崛的自然风光吸引无数游客前来游览。

# 雁门之变

## 炀帝失信于民

615年三月，杨广第三次北巡入晋，在汾阳宫住了5个月，才继续北上。

刚到雁门，就接到被和亲于突厥的义成公主的密信：突厥人要袭击杨广。

杨广屡次北巡，征用百万民夫修路修长城，搞得民不聊生，怨声载道。原先的突厥可汗死后，接替的始毕可汗对隋朝政府分解突厥、削弱他的势力非常不满，听说杨广又来了，就决定一劳永逸地解决这个问题。

几十万骑兵风驰电掣而来，很快，雁门郡41个城，被攻下39座，只剩下雁门和崞县（今原平）像汪洋上的孤岛，苦苦支撑。万箭齐发的大场面把杨广吓坏了，抱着他最宠爱的小儿子，茫然无助，哭得眼睛都肿了。

眼看着粮草只够坚持20天，杨广听从建议，通知各地紧急救援，下令守城有功的人，有官的提拔，没官的封官六品，还给100段绢帛。同时向义成公主求救，请她想办法解围。

重赏之下，军民日夜加固城防。同时义成公主造假消息给始毕可汗：北方有情况。始毕可汗一听急了，眼前这城久攻不下，对方的援军又源源不断地赶来，别再后院起了火，于是把占领的城池洗劫一空撤了兵。

但事后，杨广居然翻脸不认账，拒绝兑现承诺，又酝酿第四次东征高丽，这让军心民心丧失殆尽，各地纷纷起义。

杨广一看，为镇压起义，抚慰当地，使出了他一生最大的昏招——616年，他把表哥李渊派到了并州，出任太原留守，亲手给隋王朝的灭亡埋下了地雷。

雁门关　梁　铭／摄影

# 晋阳起兵

## 李渊父子建唐

自从打算起兵造反，太原留守李渊就体会到了被广泛支持的喜悦。

先是晋阳宫负责人裴寂把宫里900万斛米、5万段布料、40万副铠甲都资助给李渊，解决了军需问题。裴寂又担心他举棋不定，把李渊灌醉后，送了晋阳行宫两个宫女去侍寝，让李渊犯下欺君之罪，逼他起兵。

随后突厥又分两次，向李渊提供了2500名骑兵、3000匹战马，助他起事。这支队伍对在雁门之变后，一听说突厥骑兵就吓到腿软的隋军起了很大的心理震慑作用。

617年七月，李渊从太原起兵，一路南下，攻城拔寨。

李渊父子治军严明，对百姓秋毫无犯，每占一城都开仓放粮，赈济饥民，并把杨广设的行宫园苑全部废除，释放宫人宫女，让他们各回各家。这下得到了民心，各地郡县纷纷响应，每天来入伍的有上千人，连一些农民起义军也纷纷归附。

八月二十一日，李渊大军到了壶口瀑布，住在河边的百姓用自家的船只支援大军，每天都有几百条船送部队过黄河。

而黄河对岸，不少人已经纷纷起兵响应李渊，其中就有李渊的女儿平阳公主。她的丈夫柴绍已在李渊军中，她自己还散尽家财，招兵买马，收服了周边的起义军。手下的军队一口气发展到了7万多人，人称娘子军。

十月初四，李渊和儿子李建成、李世民三路大军会师，总兵力达到20多万人，围攻长安（今西安）。二十七日发动总攻，十一月初九，李渊的军队占领了长安城。

此时万事俱备，只欠东风。来年等隋炀帝一死，五月二十日，李渊自立为帝，离他起兵，才过了300多天。

唐国公李渊以唐为国号，创建了中国历史上最辉煌的帝国。

# 镇守河东

## 君素忠贞不渝

在中国历史上，不论民心如何向背，皇帝身边，总有些忠贞不渝的手下，比如隋炀帝身边的尧君素。

隋炀帝杨广做晋王时，尧君素就跟在他身边服侍。中国人管这种人叫潜邸之臣，一般和皇帝在君臣关系外，还有深厚的私人感情。

杨广继位后，尧君素慢慢升迁到鹰扬郎将，即骠骑将军。617年，他跟随骁卫大将军屈突通率大军到河东蒲州（今永济），抗拒起兵南下的李渊部队。

蒲州地处要冲，军事地位类似潼关，深沟高城，城防坚固。李渊到此，绕道而行。

不久，长安告急，屈突通带兵回救，留下尧君素坚守蒲州。

长安失守后，隋军的家属都落在了唐军手里，隋军军心动摇，斗志全无，屈突通被迫投降，被李渊任命为兵部尚书。

过了几天，李渊派新任兵部尚书回到蒲州，劝降尧君素，被尧君素唾骂了一通。

第二年，唐军又来攻城，轮番换将，从九月攻到十二月都无功而返。困守孤城的尧君素，做了一只木鹅，把汇报军情的奏折拴在上面，木鹅顺着黄河一直送到了洛阳，杨广的孙子杨侗看了后，也只有一声叹息，帮不上忙。

李渊看他硬的不吃，又上软招。先派尧君素的旧同事劝降，送来免死金券，又让他的妻子在城外苦劝：何苦为了一个已经灭亡的隋朝折磨自己！尧君素概不动心，对着老婆拉弓就射，"女人哪里能懂天下事！"

但他自己也明白大势已去，孤臣末路。城中军民苦熬到弹尽粮绝，人都开始吃人了。618年三月，传来扬州已破，杨广被杀的消息，蒲州城内随即发生内讧，尧君素的部下杀了他，投降了唐军。

20年后，唐太宗李世民追封尧君素为蒲州刺史，他敬重这位旧时敌人的忠义，"疾风劲草，实表岁寒之心"，让人四处打探尧君素的后代，好生加以安抚。

# 收复并汾
## 重夺龙兴之地

李渊南下的时候，把并州托付给儿子李元吉，让他统辖15郡兵马。唐朝立国后，又封他为齐王，授并州总管，给并州留了几万精兵和能供人吃马嚼10年的粮草。

但这一切仍未能让李元吉守住大本营。619年九月，起兵多年的朔州豪强刘武周不战而胜得了太原，李元吉领着妻妾一口气逃回了长安（今西安）。

很快，并汾之地尽失。丢了"龙兴之地"让李渊又气又怕。

当年李渊任太原留守，儿子们中只李世民随父入晋，此时他主动请战，说并州是王业基础，国家根本，何况长安的物资供应都要依靠河东，怎么能放弃！

十一月十四日，趁着黄河冰冻，李世民率兵踏冰过河，连续取胜，鼓舞了连打败仗的唐军士气。

620年，和李世民在绛州（今新绛）一带对峙了半年的刘武周军，因为粮食补给线被断掉，大军往北撤退。李世民一路追着打，一天一夜跑了100多公里，在霍邑（今霍州）追上殿后部队，打得对方溃不成军。

再往前追，赶到韩信岭的时候，大家都又饿又累，希望扎营休息。李世民说："穷寇要猛攻，你休息他也休息，让敌人有了防守抵抗的准备，就更难打了。"他身先士卒，部下也只好跟着再跑，终于在雀鼠谷追上了逃军，一天打了八仗，大获全胜，对方伤亡数万人。

第二天，部队推进到了介休，又是一场恶仗，对方光是被斩首的就有3000多人。

就这样，刘军一路北逃，李世民一路追击，五月下旬，兵临晋阳城下，守将出城投降。李唐王朝的发家之地在失陷7个月后，被李世民重新夺回。

比起夺隋朝江山，收复太原的作战更艰难，大仗硬仗更多。

645年十二月，李世民回到晋阳过春节。故地重游，感慨万千，他在晋祠写下"贞观宝翰"碑刻，李世民的书法境界很高，据说唐朝常将碑文拓片作为礼物馈赠外宾。现在到晋祠还能看到这1203字的《晋祠之铭并序》碑，这也是国内现存最早的行书碑。

# 米汤退敌

## 巾帼不让须眉

万里长城上，有着许多著名的关隘，但只有一处是以人物，而且是女人来命名的，就是黄土高原和华北平原交界处的咽喉之地——娘子关。

在父亲李渊夺了天下后，平阳公主被派回并州，驻守大本营。带领她的娘子军，开拔到现在平定县东北45千米的苇泽关，因为娘子军在此设防，俗称娘子关。直到今天，这里的街道、民居还保留着唐代遗风，当地人以平阳公主为傲，流传着许多关于她的传说，最著名的一个要数米汤退敌兵了。

622年，李渊派李建成带兵讨伐刘黑闼，娘子关就是当时的前线。一次，刘部大举进攻，虽然工事坚固，但关内兵力不足，平阳公主一面派人向并州求援，一面想退兵之法。她在城楼上看到田野上成熟的谷子，计上心来，下令军民收割新谷，熬制米汤，连夜从城楼上倒到关前的沟渠里。

天亮了，刘部发现怎么过了一夜，流出来这么多"马尿"，关楼上旌旗招展，喊声震天，就以为昨夜唐军援兵赶到，只好不战而退。

第二年，史书上突如其来记了一笔她的死讯，原因是她的葬礼与众不同，是以军礼下葬的，"前后部羽葆、鼓吹、大辂、麾幢、班剑四十人，虎贲甲卒"。礼官不同意，说女人的葬礼怎么能用鼓吹呢？

唐高祖李渊坚持道："鼓吹就是军乐，以前平阳公主总是亲临战场，身先士卒，擂鼓鸣金，从古到今又何尝有过这样的女子？"最终破

娘子关　梁　铭 / 摄影

例以军礼下葬了平阳公主。

女儿能成为父亲的骄傲，在中国古代殊为不易，可谓知女莫如父，平阳公主如果地下有知，一定会很满意这样的安排。

可惜的是，她去世时才三十岁左右。从时间上看，很有可能就是在对刘黑闼部的作战中战死沙场的。

今天的娘子关是明代嘉靖年间修建的，现存东南两座城门和650米长的城墙，城内还有关帝庙、真武阁等古迹。

# 平灭突厥
## 太宗为父雪耻

几乎每个王朝都有北方边患，比如秦汉时的匈奴，隋唐时的突厥。这种游牧民族建立的国家居无定所，不时侵扰中原王朝，令人防不胜防。

李渊起兵前，突厥人一度打到了晋阳城下，因为城里兵少，李渊只能封闭宫城自守，任其抢掠了5天。起兵南下后，为了北方的稳定，李渊不得不向突厥人称臣，贡献"子女玉帛"。

在李渊登基后，突厥撕毁和约，先后支持刘武周、刘黑闼夺取并州，为的是渔翁得利。甚至有两次，突厥骑兵直接扑向长安，逼得李渊都起了往南边迁都的心，突厥成了不得不面对的问题。

627年，李世民继位的第一年，漠北发生了特大雪灾，雪下了几尺厚，牲畜都冻死了，人们找不到食物。李世民知道出兵突厥的时机终于成熟了。这一年，原本亲近突厥的苑君璋降唐，让开了北进讨伐突厥的通道。

李世民命李靖、李勣、薛万彻、柴绍率四路大军10余万人，北上出塞击破突厥，结果大获全胜，斩杀突厥1万多人，俘虏了10多万人，东突厥汗国就此灭亡。

李世民感慨地对大臣们说："我一想起当年高祖称臣的事就心痛，现在他们的首领向我下跪磕头，差不多可以一雪当年之耻了。"

被俘的突厥人和南下归降的北方部落，被唐太宗仿效汉朝皇帝处置匈奴的做法，分别安置在北部边境，逐渐为汉民族所同化。

战后，李世民继续让李勣留任并州，长达16年，期间境内安顺。李世民回顾前朝历史，不由赞叹他："隋炀帝征用百万劳力修长城、抵抗突厥都没用，我只用了这么一员干将，就边尘不惊，这真是我大唐的长城啊！"

# 并州旧地
## 昔时曾名北京

李白写过很多赞美并州的诗文："天王三京，北都居一……襟四塞之要冲，控五原之都邑，雄藩巨镇，非贤莫居。"

唐代晋阳城其实不止一座城，城建的重心在汾河西岸，是一座城套城的连环城，城中又有三座城。

一个是大明城，就是古晋阳城，是最早的城池，春秋的时候赵鞅家臣董安于、尹铎建造的。因为北齐在此造了大明宫，所以晋阳城又叫大明城。1961年，在今天太原西南古城营一带，考古发现约20平方千米的晋阳城遗址，近年一直在发掘整理中，2014年5月24日曾向公众开放。

一个是新城，就在大明城的北面。东魏孝静帝建了晋阳宫，隋文帝改名新城，隋炀帝北巡的时候又扩建了晋阳宫。

还有一座仓城，它的东面和新城连着。

这三座城都在汾河西岸，被称为内三城。

637年的时候，汾河东岸又增修了东城，第二年就把县衙移到这里了，第三年，因为汾河东岸多是盐碱地，又修了晋渠，引来晋水，供百姓饮用。

并州是李唐王朝龙兴之地，唐历代帝王对此地都非常重视。武则天的老家在并州文水，她在位时立并州为北都，提拔崔神庆当并州长史，告诉他："并州是我的故乡，以前长史都是用尚书这一级别的人担任的，因为这个位子太重要了，所以派你去。"她还亲自给崔神庆画了上任路线图。

崔神庆到任后，横跨汾河建造了中城，这座四里长的连城，把东、西城连在了一起，成为晋阳三城，即外三城。

天宝元年（742），唐玄宗把太原府改称北京，和东京洛阳、西京长安并称为"三京"。这就是李白所说的"天王三京，北都居一"的意思。

当时的北京，管理太原、晋阳、太谷、祁、文水、榆次、盂、寿阳、乐平、广阳、清源、交城、阳曲等13县，人口近80万。是太原历史上的黄金时代，不仅城市繁华，而且人文荟萃，白居易、王翰、乔琳、狄仁杰都是并州人，并吸引了李白、杜甫等大家的频频造访。

# 武后省亲
## 礼佛太原西山

2013年10月1日，太原蒙山大佛被披上了一件重约800斤的金色僧袍，这座中国年代最久的摩崖石刻大佛，仿佛重现唐代盛景。

那是660年，正月还没过完，武则天就陪着丈夫唐高宗李治回了并州。据说李治得了一种头晕病，此次回乡，一为省亲，一为疗养。

夫妻俩在并州待了近50天，荣归故里的武后宴请来自文水老家的亲朋好友、街坊邻居。她下令凡是八十岁以上的女人，全部授郡君的封号，就是戏里常说的诰命夫人；并州大都督长史以下的官都升一级；赦免省亲途经州县的罪犯。

打完感情牌，当然还有政治牌。在晋阳城西北15里的地方原来有个起义堂，李治命令在那里修筑讲武台，纪念祖父和父亲晋阳起兵事迹，缅怀先人功绩。因为武则天的父亲武士彟是当年的功臣，她对追随起兵的旧人满怀感情，请李治下令祭祀了晋阳起兵时义军的死难者。

当然，此行最主要的目的还是陪皇帝散心祈福。夫妻二人遍游各处景点，一同登上龙山，参观童子寺，寺前的燃灯塔高一丈六尺，这是国内现存最古老的石灯遗物。据说武则天曾和李治在这里"赋诗而还"，可惜那些诗都没留存下来。

太原西北15里有蒙山，北齐时依山刻了巨佛像，高二百尺。据说李渊做太原留守时，曾到山上的法华寺观礼，当天夜里就梦到化佛满天，光芒数丈，他做皇帝后，将寺名改为开化寺。因为李渊的这段经历，高宗李治此行也上山礼敬瞻仰，施舍了大量的珍宝，连跟他上山的嫔妃也捐舍了不少。

地方官特意为皇帝夫妇在太原西北盖了一座飞龙阁，登高远眺，可以看到太原全貌。

回了洛阳后，李治派人专程送来两领袈裟，为龙山和蒙山的大佛像披上。据说披了袈裟的大佛放出五色光芒，让城里的老少非常震撼，这事被玄恽记在了佛教百科全书《法苑珠林》里。

# 皇子挂职

## 上任潞州别驾

长治市中心有个上党门，这是古郡署大门。

707年，长治上党门内的潞州衙署迎来一位新官员。

二十二岁的皇子李隆基离开京城长安，到太行山上党盆地的潞州上任，任潞州别驾，开始了两年半的任期。

李隆基虽然年轻尊贵，但为人低调，善待下属，关爱百姓，与当地的士大夫名流阶层接触时也很讲礼数。

《论语》里有句话说"君子之德风，小人之德草，草上之风，必偃"，意思是说执政者的品德就像风一样，老百姓的道德操守就像草一般，要用执政者的道德力量去感化百姓。这是孔子的道德理论，也成为李隆基的执政理念。

他在隋朝建筑的基础上，在衙署内大兴土木，还特意盖了一座华美的亭子，起名为"德风亭"。直到1938年，文学家吴伯萧还见过此亭，并记录下来，"法院后边的德风亭就是那时留下的古迹。德风亭不知修葺过多少次了，现在还很完好。亭前一株高高的挺拔的翠柏，亭后一株屈曲苍劲的垂槐，几方花坛，几幢碑记……"

同时，增建了梳妆楼、看花楼。李隆基做了皇帝后，重返这里时又增修了飞龙宫、圣瑞庵、望云轩等，盛时亭堂楼宫有280余间。

据传，李隆基常在府宅宴请当地的名流，结交豪杰，一旦酒到酣处，就离席连歌带舞，唱起汉高祖刘邦的《大风歌》，一抒胸中壮志。李隆基把潞州治理得井井有条，再加上风调雨顺，连年获得丰收，民心大顺。人们看到他的政治抱负和能力，民间用各种"祥瑞"制造舆论，为他夺取皇位营造气氛。

上党门　梁　铭／摄影

被中国戏剧界奉为祖师爷的李隆基，还在潞州建了一个歌舞团，德风亭里时常有戏曲演出。他从歌伎里选了3位做王妃，后来都带回了长安。他登基后，除了重用旧臣，还把在潞州时跟随他的士兵都编入禁卫军。

受李隆基的影响，"上党歌舞先梨园"，一直到清末，上党民间还在上演唐时的队舞《唐王游月宫》。

# 明皇北巡
## 重游上党旧地

"清跸度河阳，凝笳上太行。火龙明鸟道，铁骑绕羊肠。"

723年寒冬，天还没亮，大队人马就点着火把上路了。这是唐玄宗北巡的队伍，他要回龙兴之地潞州（今长治）过春节。

一路上，玄宗诗兴大发，随行的文武百官不断唱和，前呼后拥着皇上衣锦还乡。过太行山时，他写下了这首《早登太行山中言志》，并发誓要像历代明君那样，施行仁政，治理天下。

当他们一路向北，路过长平古战场时，玄宗在秦将白起坑杀40万赵兵的地方，起了悲悯之心，把"杀谷"改成"省冤谷"，并让人在谷口修了一座骷髅庙，这是中国古代唯一一座为战争死难者修建的纪念性建筑，保留至今。

正月初九，大队人马到了潞州，玄宗住到了他离开14年的旧宫，并将之改名为"飞龙宫"。又写诗"人事一朝异，讴歌四海同。如何昔朱邸，今此作离宫。"并让张说写《上党旧宫述圣颂》："陛下昔居是州也，紫云在天，神光照室，白鹿来扰，黄龙上升……"罗列了一系列当年的祥瑞，来证明"龙潜于上党"。

当地百姓沾了光，5年都不用交税，除了死刑犯，所有的罪犯都释放回家了。

回到潞州的玄宗兴致勃勃，在飞龙宫宴请父老，并与民同乐，一起观赏了盛况空前的潞州元宵红火。正月十五全城出动闹红火，长治这一民俗一直流传到今天。

过了十五，玄宗继续北上。第二站到了并州，下令设太原府，在太原设置北都，率领群臣参观晋阳宫；第三站掉头南下，祭祀后土，祈求来年丰收。

一直到三月初，玄宗才回到长安。

732年，玄宗再次北巡，路线和上次一样。沿途百姓受益，文武百官就地升官一级，同样留下了大量君臣唱和的诗文。他的北巡，不仅是怀旧和体察民情，也是一次次的文化之旅。

# 安史之乱
## 光弼以少胜多

安史之乱打破了唐王朝的安乐，繁华帝国一夜之间烽烟四起、支离破碎。

757年，安禄山占领了长安（今西安），命史思明率部10万，南北夹击太原，企图占领太原后，由北道夺取灵武。

当时驻守太原的是李光弼，带着不到1万人的团练武装御敌。叛军所到之处摧枯拉朽、势不可挡，大家都吓坏了，李光弼沉稳地带着军民在城外挖壕，又做了几十万砖坯备着。

不久，史思明部队到了，发起猛攻。李光弼亲自指挥守卫，城墙只要被毁，立刻用砖坯补上，这样胶着地打了好几天。史思明没料到太原这么难攻，于是派了3000兵马去取攻城工具，结果被李光弼派兵在平定成功阻击。

叛军仗着人多，蜂拥攻城；守军做了许多石炮，一颗打过去，能砸死20多人。过了1个多月，太原还没打下来。

太原城中有3个铸钱工，特别擅长打地道。李光弼知道后，就让他们打了一条通向城外的地道，每当叛军在城下骂阵，地道里就有人拽住人家的脚活捉下来。搞得攻城部队走路的时候都小心翼翼看着地面，再不敢靠近城边。

最让史思明抓狂的是，李光弼还玩诈降。

因为围城的时间太长了，双方损耗都很大，史思明就信了李光弼派来的使者的话，以为城里是真支持不住了。没想到李光弼早就派人把他的营寨下面掏空了，还支上木柱。

到了出城投降的日子，城里出来几千唐兵，假装投降，一转眼城外营塌地陷，摔死踩死1000多人。唐军乘他们惊慌失措，连杀带俘了上万人。

安禄山死后，他儿子安庆绪调史思明回防。叛军一看，本来就屡战屡败，伤亡这么重，现在史思明又走了，士气全无，李光弼亲自率领敢死队出城决战，斩杀7万多人，缴获的战利品堆积如山。50多天的太原保卫战以唐军胜利告终。

太原保卫战，是中国古代城邑保卫战中以少胜多、以弱制强的典型战例，也是安史之乱以来，唐军取得的第一次大胜利，对局势产生了重大影响。与此同时，唐军相继收复河东、长安，唐帝国翻盘的时机终于到来。

# 杜牧献计

## 平定泽潞之乱

唐末，藩镇割据现象严重，镇守泽州（今晋城）和潞州（今长治）的节度使刘从谏病逝，他的侄子刘稹秘不发丧，自领军务，企图割据一方，对抗朝廷。

皇帝武宗接受了李德裕的意见，用成德、魏博、河中等镇兵力进攻昭义，讨伐刘稹，史称"会昌伐叛"。

写过"清明时节雨纷纷，路上行人欲断魂"、"一骑红尘妃子笑，无人知是荔枝来"的大诗人杜牧当时任黄州刺史，心忧时局的他给宰相李德裕写信，为平定泽潞之乱出谋划策。

杜牧说："泽潞地区一直对朝廷是忠心耿耿的。刘从谏在任昭义节度使后，把办公地点从郓州迁到潞州，跟随他的始终是郓州的2000人马，他和朝廷对抗靠的也是这点资本，其他人不过是盲从而已，如果要平乱，不妨如此这般。"

843年，武宗下令免去刘从谏父子的官爵，命5路人马发兵进攻泽潞，期间采用杜牧的很多建议，果有成效。

844年八月，在当地横征暴敛、民心尽失的刘稹被部将诱杀，连与他们关系不错的12家人都遭了灭族之灾，泽潞之乱就此画上了一个句号。

# 黄巢兵起

## 晋王建立奇功

在代县阳明堡镇七里铺村，有一座晋王墓，是山西省级文物保护单位。说起墓主人，在唐朝那是赫赫有名。

880年十二月，黄巢军占领了都城长安，唐流亡政府怎么调兵遣将都打不过起义军，决定起用一个人。

这人不是汉人，是沙陀人。

沙陀原来是西突厥的一支。唐末，沙陀首领带领1万多族人归顺了唐，定居在定襄川。到朱邪赤心当首领的时候，因为平叛有功，被赐了国姓，儿子也改名叫李克用。

唐政府找的人就是他——李克用，唐皇任命他为雁门节度使。

882年，李克用率4万大军过雁门，下太原，到达河中府，与起义军隔河对峙。

对于唐廷和黄巢，李克用都是关系到存亡的重要军事力量。唐朝加授李克用为东北面行营都统，黄巢也派人赐他重金和诏书。李克用把钱分给诸将，将诏书烧毁，表示自己忠于唐室的决心。

当时长安郊外部队云集，都是各路势力赶来勤王的，但因为害怕黄巢的战斗力，没有一支敢出战，都远远地围着。

李克用大军赶到后，集结了围城部队约15万人，开始总攻。

他的沙陀军因为常年披黑色战袍，被称为鸦儿军，将士骁勇善战，兵团名声远扬。黄巢军还没开战呢，就说：鸦儿军来了，打的时候避开他们啊！

结果梁田陂一战，黄巢军被打得溃不成军，尸体连绵30里，起义军被迫撤离，唐军收复了长安。

当年李克用只有二十八岁，因立下这件奇功，被任命为河东节度使，赴太原上任，成为主政一方的军政首脑，后又被封为晋王。

长安虽然又回到了唐帝国的怀抱，但国家气数已尽。

李克用不仅打败了黄巢军，他的儿子李存勖还为唐报了仇，把灭唐的后梁国给消灭了，并建立了后唐。

# 皇子出家

## 灵空"先师菩萨"

879年三月，唐僖宗把四哥李侃派到刚刚军事哗变过的晋阳，任他为河东节度使。

为了攻打黄巢军，晋阳成了各种军事力量的集散地，各路势力纷乱登场。李侃到任前，他的前任被都虞侯张锴、郭咄领着兵变的士兵杀了。他刚上任，就面临一个麻烦：因为军饷发放不公，牙将贺公雅带着部下在晋阳城里又烧又抢，还把账目不清的孔目官王敬给抓了起来。

为了安抚骚乱士兵，李侃亲自出面做工作，把王敬斩首了。

事后，军中执法的官员每天晚上都秘密逮捕贺公雅的部下，而且灭人全族。这下再起事端，贺部以为是张锴、郭咄命人干的，近百人在晋阳三城中打砸抢，还烧了张锴、郭咄的家。

李侃顺着闹事士兵们的意思，下令把张锴、郭咄斩首，把他们的家人驱逐出晋阳城。不想临到行刑，张、郭被同情他们遭遇的士兵劫了法场，又把他们送回到了军法处。

李侃再次顺应民意，恢复张、郭的官职，把他们的家人紧急召回。命人在晋阳三城搜捕贺部打砸抢分子，并把他们全部斩首。

经过半年军乱，晋阳终于安定下来，但李侃却无论如何都待不下去了。厌倦之极的他给皇帝求情说生病了要求回京。八月初，朝廷召他返回京师长安，他从晋阳出发了，但却没有到达长安。

史书中没有交代李侃的下落，传说他半道进入灵空山出了家，圆寂后被称为"先师菩萨"。这是灵空山作为历史名山的真正开始。1000多年以来，有许多人不知道，所谓的"先师菩萨"可能就是唐懿宗的四皇子李侃，唐帝国的最后一个皇帝昭宗敕令在灵空山建立了圣寿寺。

公元893年，李侃圆寂，坐化在灵空山，人们习惯上称圣寿寺为先师菩萨寺。989年，宋太宗敕赐了寺额。

五代十国时期

# 解围上党

## 晋军夹寨破敌

1964年12月，毛泽东在读《五代史·后唐庄宗传》时，想起清代严遂成的《三垂冈》，因为对三垂冈夹寨之战的赞赏，他手书此诗：

> 英雄立马起沙陀，奈此朱梁跋扈何。
>
> 只手难扶唐社稷，连城犹拥晋山河。
>
> 风云帐下奇儿在，鼓角灯前老泪多。
>
> 萧瑟三垂冈下路，至今人唱百年歌。

诗中所说的这场战役，发生在907年，是晋王李克用的儿子李存勖穿着孝服打的一场经典战役。

李克用死后，李存勖继任晋王。

他们父子的老对手朱温杀了唐昭宗，称帝建立后梁，发并兵10万围攻上党。听到李克用去世的消息，朱温以为晋军肯定没戏了，安心回了开封，留下部将继续围攻。

李存勖利用了对手轻敌的心理，对部下分析道："上党（今长治）是河东的屏障，没有上党就没有河东。梁人听说我父亲刚去世，我又这么年轻，肯定会心生骄怠。如果我们轻装奇袭，日夜兼程，出其不意，解上党之围，建立霸业，肯定就在这一仗。"

李存勖的意见得诸将支持，于是，他亲率大军从太原出发，只用了6天就到了三垂冈下。

夹寨本来是梁军在此建的小长城，可攻可守。第二天一早，趁着天降大雾，李存勖指挥部队，如神兵天降，直捣梁之夹寨。梁军都还在睡

长治雄山　梁　铭／摄影

梦里，根本来不及反应，被晋军杀得死伤逾万。

朱温接到战报，感慨地说："李克用可以瞑目了！我的这些儿子，和这小子比起来，一个个就像猪狗一样不堪啊。"

911年，李存勖大败朱温，并逐步占领今河北、山东一带。

923年，李存勖灭后梁，即帝位，国号唐，史称后唐庄宗。

后唐成为五代中最强大的一个国家，势力范围遍及北方。

# 自称儿皇
## 十六州地被割

石敬瑭是太原人。

这个人爱读兵法，为人淡定，遇事不慌。

在帮助后唐重臣李嗣源夺帝位这事上，他是首功，所以唐明宗李嗣源把女儿嫁给他，任命他做北京（今太原）留守、河东节度使，以示亲信。

石敬瑭很有政治才能，到太原不满一年，就把这里治理得政通人和。他虽然是驸马爷兼高官，但内敛节俭，经常把幕僚聚到一起就民生问题、执政手段聊天，这让他在朝野内外威望很高。

他的人生在老丈人去世后，发生了巨变。

石敬瑭与唐末帝素来不睦，936年，他以调镇他处试探唐末帝，不想末帝果真将其改任天平节度使。这种调动，往往是一种屠杀陷阱，石敬瑭不接受命令，起兵叛乱。

他知道凭借自己的力量无法对抗后唐，于是向塞北的契丹求援，承诺事成后把雁门关以北的幽云十六州作为报酬，全部送给契丹。

耶律德光喜出望外，御驾亲征，带着5万精兵，一路南下，越过雁门关，直接到太原，打败了后唐围困石敬瑭的部队，亲自封石敬瑭为皇帝，这就是历史上的后晋。

石敬瑭兑现了割地诺言，还每年给契丹进贡30万匹帛。

幽云十六州包括今天的北京、天津、河北北部、山西大同、朔州、应县、灵丘、右玉等地的12万平方千米土地，割让时连同土地上的人民，一起奉送。这块土地上，还有中原人修了1000多年的长城，这为以后辽、金畅通无阻闯入中原埋下了祸根。

938年，后晋与契丹结成了"父子国家"，石敬瑭叫耶律德光为"父皇帝"，自称"儿皇帝"，皇帝的威信降到历史冰点。

那一年，石敬瑭四十六岁，耶律德光三十六岁。

这样的屈辱局面在7年后结束。945年，石敬瑭的继位者石重贵拒绝向契丹称臣，并杀光了国内的契丹人，停止了两国经贸往来。

946年，被激怒的耶律德光大举南下，亲手结束了他一手缔造的后晋王朝。

# 后汉立国

## 史上最短王朝

941年，刘知远出任北京（今太原）留守、河东节度使。看到人民饱受辽军"打草谷"（抢掠财产人口）之害，他一心在太原积攒力量。

太原当时是直面辽国的前线地带，刘知远以充实边防的名义，不断向后晋朝廷要人马粮草，来扩充实力。甚至辽军和晋军作战，派他出兵，他也耐着性子不动，直到晋军打败了，他才跑过去收拾残局，把散兵游勇都编到自己的部队里。

刘知远虽深得后晋皇帝石敬瑭的信任，但对石敬瑭的亲辽政策是非常抵触的，尤其是割让幽云十六州，他坚持认为这会成为中原之患。

经过几年积攒家底，他的治下已经是后晋最富强的地区，兵力达到5万人。他的部下也巴望着他能登天子位，他们好跟着加官晋爵。

947年，刘知远在太原称帝，以开封为东京，以太原为北京，这就是历史上的后汉。

后汉正式向辽军宣战，进军中原，但不久，刘知远爱子突然去世，他承受不了打击，一病不起，不到一年就死了，十八岁的二儿子刘承祐接了班。

950年，毫无经验的刘承祐在权力斗争中被杀，政权实际被权臣郭威掌握，刘知远的养子刘赟被立为皇帝。

第二年，郭威又杀了傀儡皇帝刘赟，自己称帝，建立后周。

后汉只存在了短短4年时间，成为中国历史上时间最短的朝代。

谁掌握了兵权，谁就拥有了称霸的可能，这让五代成为野心家层出不穷的时期，各政权往往是第一代建国，第二代亡国，人民饱受战乱之苦。反而是幽云地区并入辽国后，保持了和平安宁，民生得以休养，经济和文化有了明显发展，现在存留下的辽代建筑，以山西最多最大，如应县木塔、大同华严寺和善化寺、朔州崇福寺，都是全国重点文物保护单位。

# 太原称帝

## 刘崇为子报仇

郭威杀掉的后汉傀儡皇帝刘赟，不是别人，正是河东节度使刘崇的亲生儿子。

本来看到儿子被立为皇帝，刘崇挺高兴。太原少尹李骧曾劝他提防郭威，为此他还大动肝火，杀死了李骧。过了没多久，他就收到了儿子的死讯，悲痛欲绝的刘崇随即在太原称帝，沿用汉的国号，史称北汉。

建国的第二个月，刘崇就派兵分五路攻打晋州（今临汾）。打下晋州，就能过黄河直捣后周的都城开封，国仇家恨得报。但北汉拼尽全力也未攻下晋州，后改攻府州，也无功而返。

力不从心的刘崇只好向辽求助，但这是要付出代价的，辽国皇帝开出的条件居然也是要确定父子关系。五十六岁的刘崇不得已，走了曲线救国的路，只好称比他小二十二岁的辽世宗为叔。

辽世宗命令出师南下，和北汉会师，不料由于连年征战，民力耗损，将领们纷纷反对。在世宗的强迫下，大家极不情愿地出发了，就在路上发动了兵变，把辽世宗刺死了。

后来还是在辽的帮助下，刘崇和后周在高平会战，大败而归。刘崇元气尽伤，再也无力出兵灭周，反而被周军一路攻城略地，把太原变成了一座孤城。

由于城防坚固，周军攻太原不下，退兵时把北汉十几万臣民裹挟而去，使北汉兵源和粮源几乎断绝。再加上年年要给辽国贡献大量财帛，北汉的经济雪上加霜，不久，刘崇忧病而死。

后汉刘知远和北汉刘崇在太原都留下了遗迹，民间也流传着他们的许多故事，元曲中的《白兔记》，就是根据这些故事演绎而来。

至今太原蒙山顶上还有刘知远避暑宫遗址，天龙山有"刘氏园陵"，寺庙废墟中，还有北汉千佛楼的铜佛和石刻碑记。

# 王朝更迭

## 龙城名声鹊起

中国人历来讲究风水之说，相信能藏风聚气的风水宝地可以帮助人富贵发达。

宋以前太原一直是人们，尤其是政治家、军事家们眼中最典型的一块风水宝地——谁拥有了太原，谁就有可能入主中原。

从923年李存勖太原发兵灭掉后梁建立后唐起，沙陀人相继建立了李氏后唐、石氏后晋、刘氏后汉三个政权，951年北京（今太原）留守刘崇在这里称帝，建立北汉。

这28年里，以太原为中心舞台，出现了4个政权，还有若干"真龙天子"。这在中国历史上是非常特殊的一个时期，太原也因此被民间叫成"龙城"，形容龙脉旺盛，是龙兴之地。

其实这和天然地势有关，太原四面都有雄关，还拥有黄河天险，而且地形复杂，易守难攻。

更重要的是经过唐朝大规模的营建，太原外三城、内三城的建筑宏伟、城池坚固，再加上隋唐以来作为"天下精兵处"，这里兵强马壮。李克用被后梁朱温困在城里，能坚持住并且转危为安、重振河山，很大程度是拜这城防所赐。

正是因为这些原因，加之唐末形成的藩镇割据局面，太原成了王朝更迭的大舞台，建立政权像走马灯一样频繁，让手中有兵马的人都蠢蠢欲动。

中国人还信一句话，叫物极必反。

城池牢固，对守城的人来说是好事，对攻城的人来说可不是。当赵光义终于艰难攻下晋阳这座孤城时，等待它的是从地图上彻底消失的悲剧命运。

宋辽金时期

# 宋伐北汉
## 杨业险杀宋皇

在宋太祖赵匡胤统一全国的过程中，一路过关斩将，969年他御驾亲征攻打北汉都城太原，对赵匡胤来说这一定是一场噩梦。

太原城军事意义重大，经过不断修建，规模宏大，仅城门就有24座。当时，担负守城重任的是员猛将，本名叫杨业，北汉皇帝非常器重他，特赐皇姓，改名为刘继业。

刘继业指挥有方，宋军虽围困太原多日，却久攻不下。无奈，宋太祖仿效春秋时智伯伐赵的老办法，决定用水攻。

赵匡胤命人在汾河上修筑堤坝拦截水流，待水位足够高时，宋军挖开堤坝，洪水顿时倾泻而下直奔城墙。

城墙底部厚达30米，泡了一个月后，南侧开始有塌陷，大水穿过外城注入内城。宋军顺势乘船攻城，不料刘继业勇猛异常，击退了宋军，用沙袋和草垛堵住了缺口。

宋军经过短暂休整后再次发起进攻,赵匡胤亲自到城下浮桥边督战。城墙上的刘继业站得高看得真切,果断下令打开城门,放下吊桥,亲自带着几百骁勇骑兵直奔赵匡胤而来。

赵匡胤和身边的侍卫被刘继业的突然袭击搞得目瞪口呆,都忘了躲避,眼看着来势汹汹的刘继业杀到跟前,就要刀劈赵匡胤,这时,有个叫党进的宋将反应过来,奋不顾身地挡在了二人中间,赵匡胤醒过神来,赶紧撤退。

不久,北汉请来的救兵辽军也大举南下,宋军以失败告终。刘继业的英勇善战给宋军留下非常深刻的印象。

976年,宋太祖赵匡胤在平定了其他割据势力后,再次兵分5路,大举伐汉。宋军压境,辽军又一次南下增援,一场大战一触即发。不料,在这个节骨眼上,赵匡胤突然驾崩,宋军只好班师回朝。

这两次伐汉,宋军临撤兵时,先后掠走北汉近10万人口,使太原变成了一座苦苦支撑的孤城。

# 火烧晋阳

## 古城毁于一旦

19年里，赵氏兄弟三下河东，誓要攻下北汉都城。

979年，正月，宋太宗赵光义命令大将潘美，率领数十万步兵和骑兵，进攻晋阳。

四月，赵光义亲临晋阳城下督战，各路兵马日夜不停地轮番攻城，北汉守军伤亡惨重。守城将领刘继业在城墙上奔走指挥。

眼看城池即将陷落，因担心宋军屠城，北汉的一些老臣苦谏皇帝刘继元，与其玉石俱焚，不如主动投降，还有望保全一城百姓的性命。刘继元无奈，派使者前往宋营，说愿在城北台上举行投降仪式。

皇帝在城北投降，而城东南方向，刘继业仍在苦战。赵光义欣赏他的勇猛忠义，让刘继元下手令给刘继业。

收到降令的刘继业泪如泉涌，向汉宫方向拜了三拜，解甲投降。赵光义随即任命他为宋军左领军卫大将军，恢复本姓杨。从此，杨业的大名在宋军中传颂，之后，杨业一家又演绎了一门忠烈的杨家将故事。

至此，北汉灭亡。

北汉政权投降后，城中百姓还坚持抵抗，展开了巷战，用石块砖头来对付宋军，更加剧了宋军对晋阳百姓的仇恨，再加上五代时期几朝皇帝都是从晋阳起家的，于是，赵光义决定毁掉晋阳的"龙脉"。

五月十日，宋太宗赵光义下诏，令城中百姓全部迁走，部队开始放火焚城，许多来不及出城的老人和孩子都被活活烧死了；第二年四月，宋军再次引来汾河水淹没废墟，方圆40多里的九都古城被夷为平地。这座存在了1476年，充满传奇色彩的古城从地球上消失了。

赵光义的这一做法虽然达到了报仇和毁"龙脉"的目的，但也因此使宋朝在之后的300年间失去了北方屏障。北方骑兵长驱直入中原，少有阻碍，使得北宋在与辽、金两朝对峙中长期处于下风，最终被金灭掉。

2011年，在对太原市晋源区的晋阳古城遗址发掘中，在地下15.5米的地质层，发现了灰烬层，据专家推断，这就是当年赵光义焚毁晋阳古城的证据。因此，这座古晋阳城也被称作中国的庞贝城。

# 新建太原

## "丁"字街道钉龙脉

982年，宋太宗赵光义派潘美在晋阳古城的北面新建太原城——在原来仅有一条街的唐明镇基础上修了一座土城。城周5.4千米，有4个城门，南到现在的迎泽大街，西到新建路，北到后小河，东到东后小河城壕，而且只修"丁"字街，没有十字路。因为赵光义相信，"丁"和"钉"同音，这样就可以钉破太原的"龙脉"，再不会有人从这里起兵叛乱，威胁大宋的江山了。

这就是当今太原城的雏形。

太原城建好以后，因为痛恨"太原"、"晋阳"，宋撤销了太原的府治，以榆次为并州，设立州治，降低了太原的地位。

直到现在，在山西晋剧舞台上，宋朝皇帝依然被骂，甚至要下跪，这在其他剧种里很难见到。

仇恨源自家园被毁，亲人被掳。金末诗人元好问在《过晋阳故城书事》中有"君不见，系舟山头龙角秃……至今父老哭向天，死恨河南往来苦……官街十字改丁字，钉破并州渠亦亡"的句子，描述了宋太宗平系舟山、毁晋阳城、移太原民、建唐明镇的历史。

宋太宗赵光义于太平兴国年间（976—983），在晋祠大兴土木，修缮竣工时还刻碑记事。

晋祠始建于北魏前，初名唐叔虞祠，是为纪念晋国开国诸侯唐叔虞而建。赵光义看到太原人仇宋情绪难以化解，尝试通过这样的方式来缓和。他把原来供奉的叔虞像移出，新建的圣母殿里供奉了一尊女像，说是姜太公的女儿、叔虞的母亲邑姜，但实际上塑像是按赵光义母亲的形象来塑造的。

晋祠圣母殿　梁　铭／摄影

后来殿内又彩塑了宫娥侍女像，按宫廷规矩排列环绕在主像四周。塑像共42尊，大小和真人一样，不同年龄、不同个性，栩栩如生。郭沫若曾在此留诗："倾城四十宫娥像，笑语嘤嘤立满堂。"让我们在千年之后，仍能真切领略到宋代皇室生活的味道，是晋祠文物中极珍贵的部分。

# 雍熙北伐

## 杨业被俘绝食

1279年，代县城东北20千米的鹿蹄涧村建起杨忠武祠，当地百姓叫它杨家祠堂，这里至今还保存着一轴十分珍贵的杨族史卷，内有范仲淹的赞词。杨家祠堂成为杨氏寻根祭祖的胜地。

潘仁美设计陷害杨家，老令公杨继业一头撞死在李陵碑上的悲壮故事妇孺皆知，但历史的真相是这样吗？

雍熙三年（986）春，宋太宗赵光义率军讨伐辽国，希望收复后晋石敬瑭割让给辽的幽云十六州，这就是历史上的"雍熙北伐"。

20万大军分兵4路，西路军主将叫潘美，就是后世评书、戏剧中的奸臣潘仁美的原型，副将是杨继业的原型金刀杨业，监军为王侁。起初，各路大军捷报频传，宋太宗却担心战事顺利造成后勤补给线过长，会被辽军断了粮道。果然，东路军孤军冒进被辽军大败，宋太宗下诏令，命潘美率西路军护送云州、朔州百姓迁入内地避难，留给辽军一座空城。

杨业建议潘美侧面出击引开辽兵，就可以安全转移百姓了。可是王侁贪功："你号称杨无敌，怎么遇到敌人却犹豫不决，不会有什么心思吧？"杨业无奈，只好请战。

出征前，杨业与潘美约定在陈家谷设伏，等杨业把敌军诱至谷口，便一网打尽。结果埋伏在谷口的潘美和王侁从凌晨等到中午，没等到杨业，以为宋军已胜，为了争功，撤走部队。傍晚，杨业退至陈家谷口时，不见一个伏兵。他只能率部死战，直到手下兵士死伤殆尽，他身受重伤被俘，悲叹道："我深受皇恩，却不能沙场建功，有何脸面活下去呢？"遂绝食而亡，时年五十二岁。

潘美屡建战功，和杨业没有什么个人恩怨，只是身为主将，对战役失利负有不可推卸的责任，被降职三级，最终抑郁而死；王侁则被流放到金州。

陈家谷口一役后，宋军再无主动进攻的能力，被迫转为防御，宋太宗的北伐宣告失败。

# 跨越百王之典礼

## 宋真宗大祭后土

汉代之后，唐代时唐玄宗两次到汾阴祭祀后土。在开元十一年祭祀后土时，在后土祠掘得两尊古代宝鼎，便将汾阴县改为宝鼎县。《唐大诏令集·祀后土赏赐行事官等制》有这样的记载："北巡并都，南辕汾上，览汉武故事，修后土旧祠。时为仲春，地气萌动，将先政本，为众祈谷……宝鼎出地，奠此币玉，荣光塞河……改汾阴为宝鼎。"

北宋大中祥符三年（1010），在河中知府和朝中文武百官的请求下，宋真宗同意在次年春到河东祭祀后土。当年，派兵士5000人修筑通往后土祠的道路，责成有关官员制订祭祀的礼仪程序，并对后土祠进行了大规模的维修和扩建，"行宫祠庙，缔构一新。"并在后土祠内新塑了后土圣母像。经过整修扩建的后土祠，庄严宏巨，当时号称"海内祠庙之冠"。宋真宗在大中祥符四年（1011）春天，率文武百官到河东祭祀后土，其礼仪十分隆重，史称"跨越百王之典礼"。祭祀活动结束后，宋真宗在后土祠旁边的穆清殿大宴群臣，"赐父老酒食衣帛"。宋真宗还亲自写了一篇《汾阴二圣配飨铭》，追述汉唐祭祀后土之盛况，表达宋代敬奉后土圣母之诚心。直到宋哲宗元祐初年，一些当年曾目睹这次盛大典礼的少年，这时已是"垂白之老，仅有存者"，对前来维修后土祠的官员"悉谈当时之盛礼"。可见这次祭祀后土的活动在民间影响之深远。在大中祥符四年祭祀后土时，因在黄河岸边看到"荣光塞河"，即祥瑞之光出于后土祠旁的黄河中，宋真宗便下令改宝鼎县为荣河县，以资纪念。荣河县的名称一直沿用到1954年。宋哲宗元祐二年（1087），因后土祠年久失修，庙貌颓圮，官方又派人对后土祠进行了一次大规模的维修，"东西饰御碑之楼，四角葺城隅之缺。金字榜碑，绘彩焕烂。前殿后寝，革故翻新。"竣工之日，"邦人瞻观，远近为之欢欣鼓舞，携带老稚来歆享，益加敬焉。"（宋杨照《重修太宁庙记》）由此可知，不但官方对后土祠的祭祀活动十分重视，民间对后土祠祭祀活动的看重，不亚于官方。每年的春天当地百姓都要到后土祠举行祭祀后土的活动。

# 宋辽书院
## 官民合办教育

山西第一座书院，史书上说是应州人邢抱朴办的龙首书院。

邢抱朴做过辽国的礼部侍郎、户部尚书，为报母亲教诲之恩，在家乡应州龙首山兴办书院。至今应县城西南还有古迹"一经楼"，是少年邢抱朴曾经读书的地方。

唐末五代当地战乱不断，教育几乎荒废。从1041年起，北宋范仲淹、王安石、蔡京等大力兴学，全国州县都开办了学校，配备学官，还给学校划拨了学田，比如州里的学校给田十顷，充当学生用粮。

学院最初由一些学者选择僻静的山林创办，类似现在的私立大学。宋辽时变成半官半民的教育机构，政府会委派教官，赐给田亩和书籍。

1066年，宋代理学大师程颢当泽州晋城令时，在现晋城市北面的古书院村办了书院。大力提倡村必有校，在全县设了72所乡校，当地一时文风大盛，诗人黄廉夸赞："晋城学者如牛毛。"

当时各地也都办了书院，比如沾城书院、少山书院、皋州书院、寿阳书院、涂川书院、东城书院、源池书院、凤山书院、昭余书院等。

长治县西南的雄山上，至今有雄山书院遗迹。

自宋代起，在一地多重办院的首数平定的冠山，相继有冠山精舍、吕公书院、名贤书院、高岭书院、槐音书院、崇古冠山书院等名院，现在留存的书院经明清两代多次重修，内外两重院落中多是石券窑洞。

这些书院最大的特点，在于遍请天下名流，讲授专长，强调自由研究学问，学生都是慕名而来，自学为主，热衷学术交流。这种类似后世大学的办学方式，为宋代培养出一大批学者，并且从官方到民间养成了重视教育的风气。

到清末，山西书院已经达到110所之多。

# 云州建京

## 辽国降服西夏

云州（今大同）的军事地位一直很重要，在被后晋石敬瑭献给辽国后，辽一直立有"非亲王不得主之"的规矩，主政云州的必须是亲王一级的重要人物。

1038年，在今天的宁夏、甘肃一带，党项族、羌族共同建立了西夏王国。随着它的迅猛发展，很多原来依附辽国的部落，纷纷归属了西夏。

这让辽国皇帝无法容忍，1044年，辽派兵去攻打这些见风使舵的部落，结果被西夏大败，连驸马都被俘虏了。辽国没办法只好退兵求和。

辽军班师回来后的第三天，皇帝就下旨"改云州为西京"，与上京、南京、东京、中京并称五京。

设立西京后，辽兴宗亲自到云州视察和西夏接壤的地区，加强对周边部落的控制，更重要的是加强对西夏的防御能力，历代辽帝巡视、狩猎云州十几次。

包拯作为宋朝外交使者，访问辽时到过云州，留心观察过军备情况，回到开封后他向宋帝报告："辽国自改云州为西京以来，添置了很多营寨，召集了大批军马，装备和粮食都积聚了不少。"

这种辽、宋、西夏相互对峙的局面持续了5年。1049年，辽和西夏爆发了一系列战役。西夏一败再败，最后被迫向辽称臣。

云州作为辽国的战略进攻前沿和战略防御前哨，一直有着极其重要的军事地位，西京的设立，彻底改变了辽夏对峙局面，一直持续到辽灭亡。

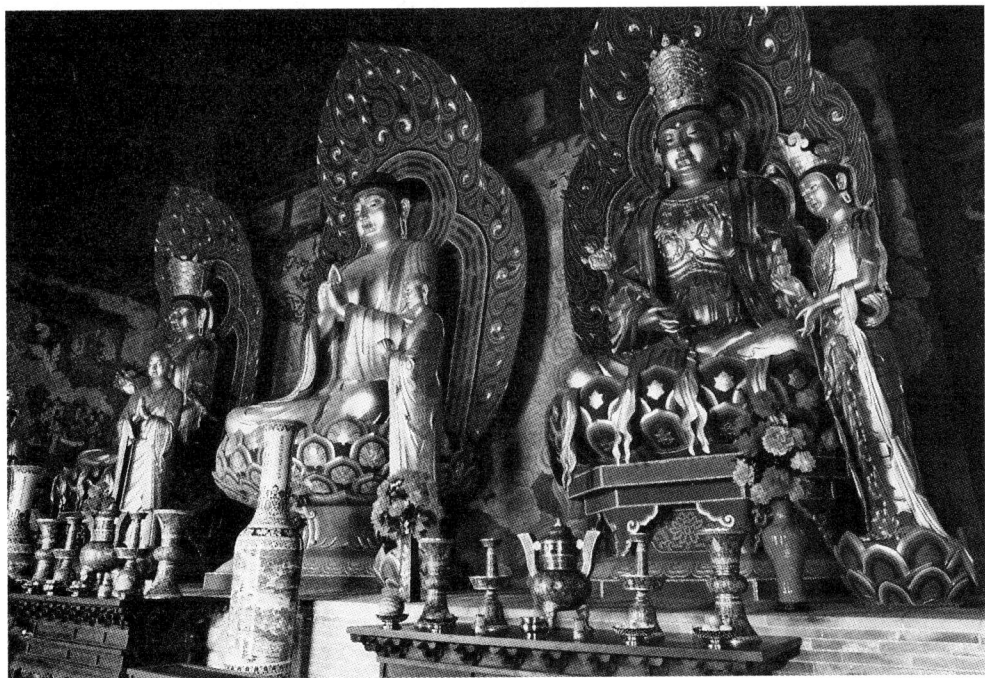

华严寺　梁　铭／摄影

有金一代，甚至元朝前期，历代政权仍然把云州设为西京。在历史上，云州被称作西京一共有245年。

辽金时期的西京，不仅是中国北方的军事和政治中心，也是文化中心。因为崇尚佛法，辽金两代在西京地区修建了许多寺庙楼塔，建于1056年的应县木塔，建于1062年的华严寺等留存至今，都是非常珍贵的历史建筑。

# 海上之盟

## 北宋收回六州

1122年，金兵攻占了中京（今内蒙古宁城）。

辽帝狼狈南逃到云州（今大同），一路丢盔弃甲，辎重扔了100多里，过桑干河的时候，把传国玉玺都弄丢了。

早在1120年，宋金两国就定下联合出军方案：金攻取辽的中京大定，宋攻取辽的燕京（今北京），并约定灭辽后，宋把过去每年进贡辽的钱物，全部转给金国。这被称为海上之盟。

但当听说辽知道这次联合军事行动后，宋徽宗害怕起来，想单方面毁约。金国一看，算了，我自己来吧，出兵直取中京。

逃到云州的辽帝一行匆匆地补充了粮草战马，又一口气逃到漠北去了。他前脚跑，金军后脚到，攻下了云州。之后，金军又一鼓作气攻下了燕京。

宋一看战况这么顺利，就把收复幽云地区的事又提到了宋金谈判表上。1123年，在每年贡银币20万两、绸缎20万匹、燕京赋税代金100万贯的高昂代价下，金归还了宋燕京地区六座空城，城中财物、百姓全都被金军提前强迁到了金国。

接下来是关于云州等8州的归属谈判，两国一度签订了协议，宋以天价军费换土地，但还没来得及生效，金太祖阿骨打就去世了。继位的金太宗看明白了宋的腐朽不堪，在强烈的扩张欲望驱使下，1125年，金兵从云州挥师南下。

第二年，辽帝在应州附近被俘，云州人亲眼目睹了"终见降王走传车"的一幕，统治了云州近200年的辽帝国灭亡，辽天祚帝被驿车押送着送往中京。

不久，云州人看到同样的一幕再次上演。北宋灭亡，宋帝徽钦父子和赵氏皇族3000多人，一路备受凌辱，被押送到云州，后经同一路线送往中京，和辽帝关押在了一起。

史称"靖康之乱"，北宋亡国之耻辱和金兵杀戮之惨烈使之后的中原王朝耻于议和，民间自发掀起了风起云涌的抗金斗争。

# 河东抗金

## 军民血战到底

1125年底，金军兵临太原城下。

作为北方重要屏障，太原关系到宋王朝的安危。周边宋军急驰救援，三路援兵同时往太原赶，但全部被金兵打了回去。

此时太原是宋初潘美建的新城，无论从规模上还是兵力上，比以前的古城都要弱得多，守城军人只有3000。军事指挥王禀毫不畏惧，一面发动群众抗战，一面主动出击，经常带一队轻骑兵出城直取金营，一会儿工夫斩杀100多人。

太原久攻不下，金将粘罕留了几万人继续围攻，自己率军南下直奔开封。

宋钦宗的表现让他的臣民心凉，他不仅接受金方索取巨额犒军费的要求，同时割让太原、河间（今河北河间）、中山（今河北定县）三个军事重镇，并对金称侄。

割地诏书送到太原后，王禀悲愤地说："国君应保国爱民，臣民应忠君守义……并州军民坚不受命，以死固守。"军民誓死保卫自己的家园。全城15岁以上，六十岁以下的男人，全部参军守城。城里的房子全部打通墙壁，全城联通；大家无论贫富，粮食全部奉献出来，吃大锅饭。

就连郊区民众也自发组织起来，太原西山有个叫石翊的人，率领村民抗金。附近地区的军民也有效地牵制金军，支援了太原。

就在这种精神的支持下，内无粮草、外无援兵的太原军民苦守了九个月，士兵和百姓大多不是战死，而是饿死。士兵们到最后只有靠着墙才能站着，仍战袍不解、武器在手，战斗到最后一口气。

1126年九月，太原城破。王禀带着剩下的一点兵力和金兵展开肉搏战，打得全身伤痕累累，直到打完最后一个兵，他拒绝被俘，投汾河自尽。

金兵大肆屠城。太原自宋初以来，再遭洗劫，成为废墟。

# 太行义军

## 忠义不输岳飞

在晋东南沁水县的中村乡白华村，土沃乡的南阳村、可封村，张村乡的板桥村，能看到一些古代堡垒的遗迹，这就是宋金时期遗留下来的太行忠义寨，又叫"岳将军寨"。

岳飞一生并未到过太行山区，岳家军抗金主要区域在河南一带，太行山上怎么会有这么多他的战事遗迹？

1126年，随着北宋的灭亡，今天的山西一带全部落入金军之手，但民间抗金起义声势浩大，太行山一带的红巾军便是其中代表。因为太行山南端山高林密，几万义军啸聚于此，虽然武器不精，但大家视死如归，所以和金军交手往往胜多败少。有一次，奇袭金军成功，差点活捉了金帅粘罕。

1127年，宋将王彦带了7000人北渡黄河抗金，失败后，转进太行山区。战士们脸上都刺了"赤心报国，誓杀金贼"八个字，被称为八字军，建立了拥有10多万人的太行山抗金基地，控制着附近数百里地区，还一度北上进攻太原，救出了无数被俘百姓。

1135年，一支百余人的队伍渡过黄河，投奔抗金名将岳飞。领头的人叫梁小哥，他曾建立忠义社，带着农民抗金。10年后，岳飞北伐，派他和太行义军会合。当时太行山一带的抗金义军，都打着岳飞的旗号，大小山寨，也都以岳家军命名。今天沁水一带的古堡垒，见证了当年民间抗金的壮阔景象。

梁小哥的队伍做了大量的宣传工作，太行山区的各路义军，在他们的组织下形成抗金联军，集中在岳家军大旗下，统一指挥、统一行动，百姓们出劳力送军粮，支持前线。

金初女真族在中原实行奴隶制，大批土地被女真贵族所占，中原地区人口被大量迁移到女真族发祥地，导致民心尽失，从燕京往南，金朝政令形同虚设，金帅兀术征兵打岳飞，鲜有来投军的。直到第三任皇帝金熙宗时期，大力推行中原文化，实施各项改革措施，民生才得以恢复。

# 《赵城金藏》
## 传世佛学百科

霍山脚下，山西洪洞有个广胜寺，因为寺有三绝而名扬天下：飞虹塔、元代戏曲壁画、《赵城金藏》。

其中《赵城金藏》因为在佛教文化史上的重要地位和传奇经历成为稀世珍宝，广胜寺也因供奉过它800年而享誉海内外。

2011年《中华大藏经》藏文部分出版，与任继愈先生主持完成的《中华大藏经》汉文部分终成完璧。大藏经是佛教经典的总集，简称为藏经。汉文部分在1997年出版，共收经籍1939种，106册，是我国历史上最完整的一部佛学大百科，它就是以《赵城金藏》为底本的。

金皇统元年（1141），潞州女子崔法珍断臂明志，立志要刻印佛经、弘扬佛法。她在今天的晋南、晋东南一带募捐筹资，于1149年在解州天宁寺开雕佛经。24年后，全部经版雕刻完成，崔法珍携经版进京，进献皇帝。金世宗传旨在中都（今北京）圣安寺为崔法珍设坛受戒，并下令印刷佛经43部。

这其中就有一部"广胜寺本"供奉在广胜寺，约7000卷，6000多万字，寺内专门做了6个经橱存放经卷。

广胜寺　梁　铭／摄影

辛亥革命后，由于战乱，广胜寺日渐败落，经卷四散流失，仅余4300多卷。1931年，范成法师偶然发现《赵城金藏》，其中有许多元明前久已丧失的经文，引起中外佛学界轰动。

抗日战争爆发后，蒋介石、阎锡山曾先后下令将《赵城金藏》运走，但均被寺院主持力空法师和当地士绅拒绝，金藏被砖砌泥封到飞虹塔内。

1942年，日本文化考察团到达赵城，驻地日军通知寺庙要登塔拜佛。担心他们意在金藏的力空法师协助八路军，人背马驮，一夜之间安全转移了《赵城金藏》。

新中国成立后，《赵城金藏》交由北京国家图书馆珍藏。

元明清时期

# 蒙古取晋
## 僧哥朔州抗蒙

1218年，金王朝对太原的统治宣告结束，蒙古军占领了太原，但其军事进攻早在6年前就开始了。

1212年秋天，成吉思汗亲自率兵包围了大同。

金兵迅速驰援，却被蒙古军队全部歼灭在阳高的密谷口。西京大同防守严密，成吉思汗被流矢所伤，蒙古军第一次围攻以失败告终。

战事发展到第二年，金军不堪一击，全线溃败，成吉思汗不费吹灰之力就占领了大同。同时派三路大军席卷今天的山西、河北、山东一带，所到之处摧城拔寨、如履平地。

1215年，蒙古军进攻孤城朔州，金王朝命令朔州军民9万多人南迁到今临汾、运城一带。当时守朔州的是顺义节度使吴僧哥，他一再请示朝廷运粮派兵，但金廷决心弃城，令他速速南迁。

吴僧哥带着部将和军民苦战了七天七夜才放弃了朔州。蒙古军一路追出几十里，吴僧哥边退边战，直到力竭战死。

1217年，成吉思汗出征西域，把对金作战的军权交给了大将木华黎。第二年，木华黎展开军事进攻，他听从汉族地主的劝告，一改蒙军过去的扫荡政策，下令禁止抢掠，把俘获的老人和孩子悉数送还家园。

各地的抗蒙活动不断，著名的有郭文振突袭太原，解救被困两万居民；胡天收复平阳等地；侯小叔攻占河中府（今永济），但都被强大的蒙古军陆续剿灭，在金王朝的袖手旁观中逐一失败。

1223年，木华黎病死在闻喜县西下马村，此时今山西地区已成为蒙古的领土，金的统治宣告结束。山西现存的金代著名建筑有朔州的崇福寺，繁峙的岩山寺，应县的净土寺正殿，五台佛光寺文殊殿，陵川府君庙山门等。

# 马可·波罗
## 游历记录东方

"契丹全境之中有一种黑石，燃烧如木材……这石头整夜在那里燃烧，所以到第二天早晨，你们仍旧可以看到火犹未熄。"1277年，意大利旅行家马可·波罗在他的《马可·波罗游记》中惊奇地写道，他第一次看到了煤炭。

13世纪的欧洲还不知道煤炭是什么东西，它是一种燃料的信息第一次传到西方，这是世界文明史上的一件大事。

马可·波罗还观察到，这里不仅用煤炭来做饭，还大量地用它取暖和洗澡，很多人家都自己盖着澡堂。

他记载着当地人洗澡的情形。"每人至少每周要洗三次，冬天的时候，每天到澡堂去洗一次。贵族和富人，在自己家里都有浴室。"人们这么喜欢洗澡，是因为地处黄土高原，四季风沙大，尤其是北部，以游牧业为主，人们在外奔波，身上很容易有污垢。

煤炭业在当时已经成形，比如仅盂州（今盂县）一地就开了13处煤窑，大同成为煤炭主产地，很多百姓靠挖煤和运煤为生。宋代初年规定，"并州（今太原）卖炭者，每驮抽税十斤"，采煤业成为国家的固定税源。宋元时期，冶铁、铸钱、烧瓷业发达，都是以炭为能源的。

马可·波罗从北京出发，由北而南依次游览了大同、太原、平阳（今临汾）等地，并对沿途的物产、经济、城建、风俗、信仰都有详细的记载。

还有人考证，正是因为吃了饸饹面，马可·波罗把这种面食传回国后，才有了后来的意大利面。据说这种圆滚滚的面条，就是饸饹浇了西红柿、炸酱两种卤的西式做法。

《马可·波罗游记》激起了欧洲人对东方的向往，但这一切，在13世纪的中国鲜有人知。

# 洪洞地震

## 赵城山移十里

1303年八月初六，大地如海波翻滚，太原、平阳同时发生大地震，"村堡移徙，地裂成渠，人民压死不可胜计"。当时两地人口40多万，在地震中丧生的占到一半。

洪洞县广胜寺位于震中，明应王殿是寺中一座殿宇，《重修明应王殿之碑》上说："本县尤重，靡有孑遗。"寺周有源于霍山泉水的数条灌溉渠道，地震时全部断陷，地上建筑荡然无存。

赵城范宣义郇堡村因为山体滑坡，山上村落跟着山体移动出去十来里。700年后的今天，这里的山体滑坡地貌在卫星照片上仍清晰可见。

元成宗大德七年（1303）是个地震年，从西南到东北地震不断，但震级最强烈、受灾最严重的是今山西地区。

太原晋祠西南有座奉圣寺，是唐初为开国功臣尉迟敬德建的，寺中碑文上有"大德癸卯，坤道失宁……上下两刹多致圮坏"，太原徐沟、祁县及平遥、介休、孝义等地地裂成渠，泉涌黑沙。

地震发生的当月，元朝政府拨下96500余锭白银赈灾，并下令免除太原、平阳两地3年的力役和赋税，同时开放由政府管理的山林，让百姓伐木重建家园；河流湖泊开禁，让百姓捕鱼度过饥荒。

余震延续到1306年，伴随严重的水、旱、风、雹等自然灾害。一些地区在大震后修复的房舍又被余震摧毁，政府赈灾力量有限，寄望于天，遂把太原改为冀宁，平阳改为晋宁，希望两地尽快安宁下来，两个地名一直沿用到明清。

1303年大地震，被后世学者认定为洪洞8级地震，也是中国历史上第一次有详细记载的大地震。

# 明初移民

## 两亿移民后代

　　元朝末年，以民族矛盾为主的社会矛盾日益尖锐，民怨沸腾，农民起义日益频繁，终于导致连绵不断达十余年的红巾军起义。元政府对农民起义予以镇压，竭尽残暴之能事，争城夺地的殊死之战时有发生，两淮、山东、河北、河南之民十亡七八，以至于"春燕归来无栖处，赤地千里少人烟。"除兵乱之外，水灾、旱灾、蝗灾和瘟疫也连续不断。据《元史》记载，仅元朝末年的水旱大灾，山东18次，河南17次，河北15次，两淮地区8次。大面积的蝗灾也有18次之多。大灾之后，往往伴随着大疫，灾区的百姓雪上加霜，人口大幅减少。元末兵燹之创伤未及医治，明初燕王朱棣和建文帝争夺皇位的"靖难之役"又接踵而至，这场长达4年的皇位争夺战，再次加剧了河北、河南、山东、江苏等地的创伤。东西六七百里，南北近三千里，几为丘墟，形成了许多无人区。为了巩固政权，恢复生产，明政府采取了以移民垦荒为主的振兴农业的措施。面对着满目荒凉的黄淮平原，从何处移民？明朝统治者的目光投向了山西。

因为，当元末中原地区兵乱荒疫不断之时，素称"表里山河"的山西却是另外一种景象。由于自然地理的因素，中原地区的水旱蝗疫较少波及山西，战乱也较少，相对显得安定，风调雨顺，连年丰收。较之于邻近各省，山西就显得经济繁荣、人丁兴旺。再者，相邻诸省也有大量难民逃往山西，致使山西成为人稠地狭的地区。元人钟迪在《河中府修城记》中说："当今天下劫火燎空，黄河南北噍类无遗，而河东一方居民丛杂，仰有所事，俯有所育。"据《明实录》的记载，洪武十四年（1381）河南的人口为189万，河北的人口也是189万多，而山西的人口却多达403万。山西一地的人口数量，比河南、河北两地人口的总和还要多几十万。这样，山西不可避免地成为明初迁民之地。

明初，规模较大的移民有十四五次，每次移民动辄数千户，多者逾万户。当时山西移民的集散中心主要集中在太原、平阳二府和潞州、泽州、辽州、沁州、汾州五州，即今太原、临汾、运城、晋城、长治等地，而以临汾附近的洪洞为最，这与洪洞县人口稠密又地处交通要道不无关系。

根据《明史》、《明实录》以及大量的家谱、碑文记载，明初从山西洪洞等地迁出的移民，主要分布在河北、河南、山东、北京、安徽、江苏、湖北等地，少部分迁往陕西、甘肃等地。

明初迁往上述各地的山西移民，在后来又转迁到福建、广东、云南、四川、贵州及东北、西北各省，使山西移民的后代几乎遍及全国各省区。在中国古代历史上，如此长时间、大范围、有组织的大规模移民是罕见的，而将一处之民散移四处者，仅此一例而已。

# 九边重镇
## 徐达重修大同

2014年夏天，大同古城修复工程中的四牌楼竣工。在古城中心，这座完全木结构的精美牌楼由4个牌坊连成一体，重现了明代风采。说起四牌楼，还和明代大将徐达有关。

明初，为防止漠北元室后裔和蒙古游牧部落的南下侵扰，朱元璋在长城沿线设置了9个边防重镇，派将守御，大同就是其中之一。

1372年，出于军事防御需要，驻守大同的明朝大将军徐达重修大同城，奠定了现在大同城的规模基础。

城墙以三合土夯填，青砖包墙，高14米，最宽的地方有16米多。墙外深挖护城河，墙上建有城垛580对，代表了当时大同境内的村庄数目；窝铺96座，用来让守城的士兵休息；62座门楼、角楼、望楼壮观矗立，组成一条龙防御体系。

大同城内，"四大街，八小巷，七十二条绵绵巷"说的是街道格局。四大街的中段各建有一楼，南街鼓楼、西街钟楼、东街太平楼、北街魁星楼。城的中心，就是我们开头提到的四牌楼，传说这是徐达在大同城墙修完后，为了彰耀他的功德特意修建的。

1391年，朱元璋再次加强对大同的统治和防卫，派他的第十三个儿子朱桂坐镇大同，封为代王。大同城的东北角，修建了占地15万平方米的代王府，闻名中外的全国最大的九龙壁，就是当年代王府端礼门前的照壁。

明朝大同一再扩建，陆续建起三关两翼，城防严密，起到了屏障山西的边防作用，但在历代战火中，屡次被毁。

大同城墙　梁　铭／摄影

2008年，大同开始系统恢复古城面貌，城墙、华严寺、善化寺、法华寺、关帝庙、帝君庙、文庙、清真寺、魁星楼、四牌楼陆续完工，到2014年秋，还有代王府的复原工程在进行中，明代大同古城历史性地重现在世人面前。

# 兴"开中法"

## 晋商由此崛起

万里长城在大同境内有两处遗址：内长城和外长城，至今还分别有76.5千米和33千米，护边城堡10座，沿边烽火台350多个，这是建自明代的大同北部重要防御工程。

民间有谚语：汉墓唐塔朱打圈，说的就是汉代重墓葬，唐代多修塔，明政府为了防范蒙古人入侵，从鸭绿江到嘉峪关一带大筑长城，陈兵八九十万，设立了九座边防军事重镇。大同作为九镇之一，辖区内长城防御线长达323千米，城堡583座。

这就形成了一个巨大的军事消费区，为了解决戍边将士的军需和粮饷，1370年，明政府首先在太原、大同两镇实行"开中法"，鼓励商人们运送粮食到边塞，以换取盐引——一种取盐的凭证，给了商人贩盐的权力。

盐在历朝历代都是政府控制的专卖品，其收入是政府的重要财源。

其实开中制度宋、元就有，明代大规模地运用到边防，以充实边境军粮储备，没有盐引会被视为贩卖私盐，要判死刑。

每年的盐引量在8万引左右，这是一个巨大的市场，靠近九边重镇的山西商贩捷足先登。由于盐是专卖品，他们凭盐引到指定盐场和指定地区贩盐，获利丰厚，收获了第一桶金。

1371年制定的"中盐例"，1至5石粮食可换取1小引（200斤）盐引，后来随米价高低而不断变化。盐商们因为经过长途运输，粮食损耗巨大，曾在各边镇直接雇佣劳力垦田产粮，就地换取盐引。这种屯田形式被称为商屯，把商人利益和国家利益结合了起来。

晋商抓住天时地利，借"开中法"兴旺起来。得天独厚的地理优势是晋商成功的客观原因。山西地狭人稠，历史上就有重商的风气，很多优秀的人才都涌向了商业领域，他们以艰苦奋斗、诚信守约的精神把生意越做越大。

后来明政府颁布开关互市令，晋商得以与关外各民族开展贸易。到清朝，晋商用牲口驮运等传统方式把生意做出了国，成了纵横欧亚大陆500年的大商帮。

# 明初封藩

## 晋王扩建太原

明太原城有现在的平遥古城四个大，但现在能看到的遗迹只有明城北门拱极门，还有分别植于萧墙路、东缉虎营、新民北街、柳巷北路上的四棵明槐。

朱元璋建国后亲自制定了分封制，把他的24个儿子封到全国各地去做亲王。山西有3个，封在太原的晋王、封在大同的代王和封在潞州的沈王。

晋藩亲王传了11代，共15位。亲王的儿子封为郡王，先后分封70多个王号，省内各市都有郡王开府，庄田遍布全省，加上妻妾和未封的子女，到万历年间，晋、代、沈三府宗室人口有4万以上。

1376年，皇三子朱棡的晋王府落成，在今天的太原城区精营街一带。晋王府宫城城门就在今天的西华门街、东华门街、南华门街。王府城墙是现在几处名为萧墙的街道，天地坛是晋王祭祀天地的场所，杏花岭有王府花园。

晋王朱棡还修建了万寿宫，新扩建了崇善寺。晋王府殿宇宏丽，为明代众王府之最。清初毁于大火，直烧了1个多月，后来清政府在上面建了400间营房，称精骑营。同时期被烧毁的还有潞州的沈王府、大同的代王府和西安的秦王府。

晋王的子孙们先后兴建了郡王府，太原宁化府胡同里的老字号益源庆醋厂，前身就是明代宁化王府里的酿醋作坊。

晋王把太原城建成了一流的城池，共开八门，东门宜春、迎晖，俗称大东门、小东门；西门振武、阜成，俗称水西门、旱西门；北门镇远、拱极，俗称大北门、小北门；南门迎泽、承恩，即大南门和新南门。

大南门的地名沿用至今，迎泽更是频频出现在太原城建史中：迎泽大街、迎泽大桥、迎泽公园、迎泽宾馆，甚至还有迎泽啤酒、迎泽肥皂。

第一代晋王朱棡死后葬于太原南郊"皇陵"，就是今天的黄陵，是朱棡及其后裔的皇家陵墓，历史上多次被盗。1972年，黄陵村农民取土时，发现两枚金锭，后交山西博物院收藏。

# 土木之变

## 英宗亲征大同

明正统十四年（1449）七月，蒙古族瓦剌部落首领也先率军南下进攻明朝，主力直逼大同。大同总督宋瑛、总兵官朱冕、参将吴浩皆战死。

前线兵败的报告频频传至北京，明英宗在当权太监王振的鼓动下，不顾臣僚劝阻，贸然决定御驾亲征。

七月十六，明英宗率领50万大军从北京出发，八月初一到达大同。路上，还能看到十几天前的战事留下的漫山遍野的伏尸。

见明朝大军到来，也先主动北撤。王振一看，打算北进追击，但当心腹向他密报实际的惨败战况后，他改变了主意，决定放弃战斗，和皇帝直接返京。

回京路上，王振原想着让皇帝顺路驾临他的家乡蔚州，炫耀一下他深沐皇恩的荣耀，走了40里又突然担心起来，50万大军肯定会把王家快秋收的大片庄稼踩坏，所以临时改道，绕了一个大圈子。这下给了也先追兵充足的时间，明军不断遭到瓦剌部队的袭击，伤亡越来越重。

八月十三，狼狈不堪的明英宗被瓦剌军堵截在土木堡。八月十五中秋节这天，明军全线崩溃。混战中，王振被明将打死，英宗被俘，五六十位随军大臣被杀，50万大军覆没，史称"土木之变"。

1个月后，也先押着英宗到大同城下，索取赎金1万两，守城将领不仅如数交付，又把自己的家财也给了他，但也先拒不交出皇帝。大同守城将领夜里派出敢死队出城劫驾，但失败了。

这之后，也先屡次以英宗为人质向明政府勒索、逼降，甚至一度打到北京城下，但都没能得逞，后来见英宗没什么利用价值，就放他回了京。

明英宗是中国历史上唯一一位被俘后安全回归的皇帝，不仅如此，6年后，他又重新夺回帝位。

# 争矿风波

## 官民矿权之争

　　山西矿产丰富，阳城的冶铁工场在明时闻名全国。除了铁矿，五台有官办铜场，曲沃、翼城、闻喜都产铜，垣曲的铜矿发展到今天，成为规模巨大的中条山有色金属基地。

　　2009年，晋城调查队在泽州县山里泉景区发现明代矿洞遗址，当地人称为银砂洞，共有大小不等的7个洞。

　　明朝万历年间，山西曾发生过几次大的争矿风波。

　　万历十一年（1583），山西商人张守清在五台开银矿，雇用矿工3000人，张守清还和潞城、新宁两家郡王结了亲。御史向朝廷参奏张守清擅开银矿，明神宗下旨停办，还令两家郡王和张家断绝姻亲关系。张守清虽一再表示会多给国家交税，但矿场还是被强制关闭了。

　　万历十五年（1587），河南人尚登聚集2000人，渡过黄河到山西夏县偷采矿砂。明朝派官兵护矿，结果大败，连指挥都被抓走了，政府再次调集军队驱散了他们，并驻军800人，专守黄河渡口和矿山。

第三次争矿风波发生在地方官员和朝廷特派矿税使之间。万历二十四年（1596），因为对宁夏和朝鲜用兵，国库空虚，明政府往全国各地派驻太监任矿使、税使，监管矿场，搜刮财富。此时山西除了朝廷，郡王、军队、私人纷纷开矿，整个经济仰仗矿利，由此引发社会矛盾并渐渐激化。

矿税使得横征暴敛激起民愤，全国多地民变。被海瑞称为"天下第一直言"的山西巡抚魏允贞，屡次为民请命，建议朝廷停止开矿，减少苛捐杂税，却反被诬陷煽动晋民作乱，被捕下狱，山西几千官民赴京为他鸣冤，才被免罪。但各地其他因反对矿税被治罪的官员就没他幸运，多地因此处于无政府状态，为明朝的灭亡敲响了丧钟。

魏允贞灰心仕途，请辞20多次，在他返回河南老家那天，山西官民洒泪送别，后来，山西多处修建了魏公祠来纪念他。

# 闯王入晋

## 宁武遭遇顽抗

明代九边重镇之山西镇驻守在宁武关，守偏头、宁武、雁门三关所联结的内长城一线，是横亘晋北500里的巨大屏障。宁武关故址在今天忻州市宁武县城。汉魏时就是重要战场，被称为楼烦城，汉将周勃曾破韩王信于此。明末天下义军蜂起，宁武关成为阻止李自成农民军北上最坚固的防卫工事。

崇祯十七年（1644）正月初八，闯王李自成率军百万，渡过黄河风陵渡口，进入山西。沿途各地守军望风而降，到二月初五，农民军到了太原城下。沿路百姓送粮送马，杏花村民捧出了汾酒、竹叶青招待农民军。二月初七，太原守军临阵倒戈，大南门守将投诚。

李自成在太原休整后，北上直取宁武，途中发表了著名的《永昌元年诏书》，号召人民参加到战斗中来，推翻明政府，但李自成没想到，就在宁武关，他遭遇了进军北京以来的最强烈抵抗。

镇守宁武关的是山西总兵周遇吉，手中只有5000人马，在城门上发火炮轰击，起义军伤亡惨重。

李自成军后来用缴获的火炮，回攻关城，几次轰开缺口，都被周遇吉及时堵住。周遇吉还设计诱敌入城，关闭闸关杀敌数千。

二月二十二，李自成以伤亡数万人为代价，攻下了宁武关。周遇吉至死不降，被李自成吊在城头，乱箭射死。

之后，大同献降，阳高无守。三月十七，李自成大军以破竹之势直达北京，三月十九，崇祯皇帝自缢于北京景山。

明朝灭亡。

至今宁武城外尚存周遇吉墓。周遇吉死后被草葬在恢河之滨，到清顺治年间重修墓地，后因防汛需要迁至今宁武火车站外高地，20世纪30年代修同蒲铁路时，又迁于城北华盖山山麓。墓前立有四通碑，三为清朝所立，一为新中国成立后所立。清碑上文字已斑驳不清，"忠"、"义"字眼依稀可见。

# 康熙西巡

## 传说为寻父来

山西五台山清凉寺，收着一首归山词："……我本西方一衲子，缘何落在帝皇家。十八年来不自由，南征北战几时休。朕今撒手归西去，管他万代与千秋。"

这首词传说是顺治皇帝所做，至今清凉寺的僧人还坚信：顺治帝就是在这里剃度的。五台山的镇海寺里，仍流传着扫地僧与康熙帝相见不相认的故事。

康熙曾8次西巡山西，第一次来就直奔五台山。

民间纷传，清朝入关后的第一个皇帝顺治，并非如官方发布的那样因病暴亡，而是因为董鄂妃之死，断绝红尘，到五台山出家当了和尚。

1683年，他的儿子康熙皇帝奉祖母孝庄皇太后的旨意，来五台山寻找父亲。他走遍了五台山5座主峰的每一座寺刹，并告诫山西巡抚穆尔赛，"五台、繁峙、静乐、原平一带，土地贫瘠、人民贫苦，官员们一定要廉洁节俭，以裕民生。"

　　当年九月，康熙再次奉了皇太后的旨意巡幸五台，而且还带了二哥福全和五弟常宁，同样走遍五顶的每一处寺院，各处拜佛、扬幡，并拿

五台山　武　涛／摄影

出从宫中带来的白银、棉花，发给沿途州县的贫民。

　　这之后，直到1710年的27年里，康熙八巡山西，从北往南都有视察，而且常不按官方安排，喜欢住在乡民家里，了解风土民情，探知民生维艰，直接指导地方工作，屡次减免山西赋税，并严令沿途不得接受贡献，免得扰民。1703年十一月，在视察完运城盐池，从风陵渡过黄河时，康熙下令不得阻拦百姓过河，不需要回避，大家各行其便。

　　康熙八巡山西，是否找到传说中出家的父亲不得而知，但确实对山西有了基本了解，针对自然条件差，官民对立严重的情况，他要求地方政府简政爱民，推行温和政治。在他的榜样作用下，山西地方官也不断深入基层，出现一批清明爱民的官员，各地纷纷建起养济院，政府抚养孤寡病残，流浪乞食者也大为减少。

# 清末奇案
## 道光亲自过问

　　山西灵石夏门村有处保存完好的明清梁氏古堡群落，是清末铁面御史梁中靖的故居，他上疏为赵二姑鸣冤，至今仍被家乡人津津乐道。

　　1824年，十三岁的榆次少女赵二姑被村里开杂货铺的阎思虎强奸，赵二姑和父母、叔叔一起将阎思虎告到县衙。不料这起简单的案件，最后演变成轰动全国的大案。

　　知县吕锡龄收了阎家贿赂，判定此案为通奸。二审时为证清白，悲愤的赵二姑当庭刺喉自尽。吕锡龄一看出了人命，诬陷二姑的叔叔赵添中当堂杀人，还串通在场县吏都做了伪证。

　　赵二姑的父亲赵添和到太原府衙上诉，太原知府沈琮在复审后仍以通奸定案。赵二姑的母亲曹氏听到这样的裁决，一头撞在了府堂台阶上。赵添和背着重伤的妻子又告到山西巡抚衙门，结果仍是维持原判。

　　案子传得远近皆知，赵添和夫妇回到榆次后，前后有上万人到他家里去，群情鼎沸，人们都支持他们上京告御状。了解案情的山西太谷人刑部员外郎贾大夏，通过御史梁中靖把诉状直呈给了道光皇帝。

案件终于出现转机，道光皇帝下旨，令山西巡抚邱树棠提审此案，但让所有人没想到的是，办案官员联手作弊，会审结果依然是维持原判。

在贾大夏和梁中靖的努力下，道光皇帝再次下旨，将审讯案卷和证人全部提调到京，由刑部尚书亲自审理，这桩被全国关注的案子才终于大白天下，沉冤得雪。皇帝大怒，阎思虎被判斩首，涉案的6名官员被革职并发往新疆服役，做伪证的8名县吏获罪，山西巡抚邱树棠被降职。

清末有四大奇案，案情曲折反复，但从反映清末政治生态来讲，"赵二姑命案"更为典型，它反映了当时的司法黑暗和官员普遍腐败已经积重难返，对涉案官员的处罚并未起到惩戒官员的效应，50年后，浙江出现了堪称此案升级版的杨乃武与小白菜案。

# 山西票号

## 晋商汇通天下

　　平遥古城，大清金融一条街上，坐落着中国第一家票号的总部——"日升昌"，这是中国银行的鼻祖。

　　第一个尝试票号生意的人叫雷履泰，1823年，时任北京最大颜料庄经理的他，向东家李大成建议关掉铺子，改营票号。

　　山西商人的银两往来靠各地镖局运送，开销大、风险大，费时误事。常有山西老乡托雷履泰从京城往老家捎银两，他们把银子交给北京分号，然后写信通知家人在平遥总号提取，雷履泰从中看到了金融汇兑商机，组建日升昌票号，并发明出一套密码，用汉字代码表示银两数目和日期。在票号的百年经营中，从未发生冒领事件，可见其科学严密。可惜的是，每次汇票在兑付后都要烧毁，所以没有一张使用过的能留下来。

　　日升昌后，平遥"蔚"字票号出现，由绸布庄成功改组为票号。晚清时期平遥共有22家票号。山西票号开到全国，远至欧美、东南亚，约400家，形成巨大的金融网络，从解决民间携带银两的难题转向掌握政府的经济命脉，发挥了中央银行的作用。

票号存在约百年，19世纪60年代以后，票号充当了政府捐纳军饷的办事机构，户部的税收也通过它来解缴，并经常为中央和地方政府借垫公款。19世纪末，山西票号为各省汇款和垫付汇款达到2500万两白银，成为公款和贵族显宦家私的存放之地。

"山西票庄执中国金融界之牛耳，达百余年。"晋商大族均开设票

平遥街景　李广洁／摄影

号，祁县乔家有大德通，渠家有三晋源，榆次常家有独慎玉，太谷曹家有志成信、景生润等。清末，这些票号开始衰败，被现代银行逐步取代，票号的衰落标志着晋商辉煌的结束。

# 禁烟兴业
## 山西试水洋务

　　位于太原市府东街的山西省政府是省级文物保护单位，初建于北宋，是名将潘美的帅府，明清时是山西巡抚衙门。张之洞任山西巡抚时，在太原除了兴建文庙、令德堂书院，还建了省政府内的煤山。

　　煤山，原是明代巡抚衙门堆煤的地方。光绪八年（1882），张之洞出任山西巡抚。他认为前任巡抚葆亨被革职，表面上是说因为给儿子大操大办了婚事，实际原因是衙门没"靠山"。为了形成北高南低的风水，张之洞派人造起一座高9丈的假山，下面还有会议室，张之洞亲笔题名"邃密深沉之馆"。1918年，山西督军阎锡山将假山加大加高，改名进山。新中国成立后，山西省政府借用谐音改成"梅山"，并把假山前阎锡山建的"自省堂"改成梅山会议厅。

　　张之洞刚到山西时，面临的是"丁戊奇荒"（1876—1878）后的景象，全省近80%的州县受灾，约三分之一的人口死亡。面对现状，张之洞从大骂洋务派李鸿章的清流派逐渐转变成务实做事的洋务派。

1882年9月，张之洞设清源局，清理山西库款，续修《晋政辑要》，清理了累积30多年的800多件纠纷案件。

当时，山西普遍种植鸦片，烟毒泛滥，几乎无县不种。张之洞在奏折中说"数十年晋省危矣！" 1883年4月，他下令全省禁烟，并仿照直隶总督李鸿章，开设戒烟局。

张之洞艰难启动山西的近代化，在省城东门内设立洋务局，成立山西机器局，成立桑棉局，筹办山西练军，武装以洋枪洋炮。

他推动旧式教育向现代教育制度的转变。村村兴办义学；购买西方译著；在太原起凤街上修缮贡院，主持乡试；在今天省实验中学校址设立令德堂书院，这是山西大学堂的前身，"戊戌六君子"之一的杨深秀曾在此主讲《尚书》；集资在崇善寺废墟上重建文庙，后来成为山西省民俗博物馆。

两年半后，张之洞被调任两广总督，在山西试水洋务的成功，让他成为推动洋务运动的先驱人物。毛泽东曾说"提起中国民族工业、重工业，不能忘记张之洞"。张之洞与曾国藩、李鸿章、左宗棠被后世称为晚清四大名臣。

# 西人兴学

## 赔款用于办学

1902年，在太原侯家巷，山西大学堂成立。这是近代中国继京师大学堂、北洋大学堂之后的第三所大学，但这所大学的筹建却是由一位英国传教士提议的，他叫李提摩太。

太原、榆次、寿阳三地交汇处有座乌金山国家森林公园，山上有座欧式墓葬，墓主人是协助英国人李提摩太筹办过山西大学堂的苏格兰人敦崇礼（Moir Dunkan）。山上还有座避暑山庄，是民国政府财政部长孔祥熙建的。

1901年春，山西巡抚岑春煊特别邀请了熟悉山西，在清政府中人脉深厚的英国传教士李提摩太协商处理"山西教案"。在善后谈判代表的诸多助手中，有一个二十一岁的太谷教徒，就是后来民国政府的财政部长孔祥熙。

多年在山西、山东、陕西传教的李提摩太，擅长和高级官员打交道，与李鸿章、左宗棠、张之洞来往颇多，曾担任天津《时报》的主笔，并提出教民之策：立报馆、译西书、建书院、增科目。

李提摩太草拟的《办理山西教案章程》中，首次提出由山西自筹赔款50万办学，每年缴5万两，10年为期。《章程》至今被收藏在故宫博物院。李鸿章赞同"专门开导晋省人民知识，设立学堂，教育有用之学，使官绅庶子学习，不再受惑。"敦崇礼等8人为教会代表，与山西政府多次协商后，于1902年初，开办山西大学堂，令德堂书院和晋阳书院的师生一并移入学堂。第二年开办中西大学堂，也合并入山西大学堂。

山西大学堂当时在全国非常有名，开办早期，招生400名，中西学斋各半。1904年，山西开办留学教育，先后选送多批学生往英国、日本留学，回国以后，他们对山西革命产生了极大的影响。

1911年，10年期满，李提摩太移交西学专斋。辛亥革命以后，山西大学堂改为山西大学校。1931年，又改为山西大学。1952年，山西大学的法律、经济、会计等学科并入北京大学和中国人民大学，医学、工学、农学独立成立学院。

此后，山西各地纷纷创建新式学堂，主要教师都是山西大学堂的毕业生。

# 保矿运动

## 集资赎回矿权

　　山西以煤资源丰富闻名于世。在国力贫弱的年代，反而会成为令列强垂涎三尺的一块大肥肉。

　　清光绪二十三年（1897），清政府向西方借贷，因此把山西平定、盂县、泽州、平阳等地的煤矿60年的开采权卖给英国福公司。意大利首相罗迭尼、英国女王的女婿劳尔等，都是该公司的股东。福公司是首个进入山西进行经济掠夺的外国经济集团。

　　1905年，福公司开始在阳泉的正太铁路两侧勘测矿地，到处竖立标志。为垄断矿产资源，英方向清政府施压，要求禁止当地民众开矿采煤，已经开采的矿井也要封闭。

　　消息一出，全省哗然。

　　保矿运动是从阳泉开始的。当年9月，富户张士林召集当地爱国绅士李惠、黄守渊、池庄等人倡议成立了矿产公会、保艾公司、固本公司等，在阳泉进行采矿、树立界碑等行动，与英国福公司抗争。行动刚开始所需的经费、人员等问题都由张士林慷慨提供。

保矿运动很快就传到了省城太原，山西大学堂、中学堂首先响应，学生们罢课、集会，发表宣言表示对行动的支持，由此发展成了一场历时三年、声势浩大、震撼国内外的保矿运动。省内多地富商如渠本翘、冯济川等纷纷加入，巡抚张人骏也表态支持，还派人进京与外交部门交涉，在京的晋籍官员也纷纷响应。

1906年10月13日，留日的阳高学子李培仁发出"痛晋矿之将亡，伤祖国之不振"、"决不令外族役我尺寸土"的呐喊，在东京跳海自尽，以这种激烈的方式来唤醒国人。

当李培仁的遗体被运回太原时，省城举行了万人追悼大会。会上通过了争回矿权，筹款自办的决议，决心将保矿运动进行到底。

1907年春，渠本翘等人正式成立了"山西商办全省保晋矿务有限公司"，与福公司交涉谈判，要赎回采矿权。1908年1月20日，在外交斡旋下，双方签订了《赎回开矿制铁转运合同》，约定向福公司支付275万两白银，先支付一半，另一半分三次付清，以前订的合同全部作废。

全省各界都动了起来，短短几个月时间就筹集到了第一笔款项，成功赎回了矿权。

1922年，保晋公司煤炭年产量22万多吨，终于全部付清了赎款。

但一切努力，随着1937年日本军国主义入侵山西，侵吞矿产资源而归零，保晋公司亦不复存在。

民国时期

# 太原起义
## 两月全省光复

　　明清太原城南门承恩门，1911年在太原起义胜利后，改为首义门，新中国成立后被改造为五一广场。

　　1911年10月28日晚，驻扎在山西的清政府新军四十三协八十五标二营管带（营长）姚以价率人冲进山西巡抚衙门，山西巡抚陆钟琦父子被杀，稍后赶来的协统（旅长）谭振德亦被杀，旧王朝军政主官殒命，太原一夜光复。

　　战斗并未持续很久，即使是在满人聚居的满城，在被革命军打炮恐吓后，也立即挂了白旗，到天亮时，市面上已经基本安定。山西的革命党为此准备了好几年。

　　1905年，同盟会员阎锡山、温寿泉等人从日本接受任务回到山西，因在日本学的是军事，所以百般打点，在山西新军中担任了高级军官。阎锡山是山西两标之一的标统（团长），而温寿泉当上了山西督练公所会办兼陆军小学堂监督，另外一标标统黄国梁亦同情革命，中级军官大多被吸收进革命党。在普通士兵中，革命党也派遣骨干，借用会党的方式，将倾向于革命的士兵组织起来。

在社会上，同盟会员王万宾、景梅九等人创办报刊、鼓吹革命，山西的形势在辛亥革命前早已是山雨欲来风满楼。

当年武昌起义后，全国响应，陕西革命党于10月22日起事后，山西巡抚陆钟琦对山西新军也不放心，于是想将两标分割。黄国梁的八十五标调往晋南防备陕西，且命令黄国梁立刻调防，阎锡山的八十六标调往大同。在此形势下，革命党人决定借领取子弹被服的机会，提前发动起义，并最终一战功成，二十八岁的阎锡山当上了山西都督。

太原起义成功后，各府相继，传檄而定，不到两月全省光复。

山西起义的成功，对整个辛亥革命意义甚大，孙中山说，"使非山西起义，断绝南北交通，天下事未可知也"，后来南北和谈，针对山西起事是革命起义还是乱兵闹事这一问题竟有争议，孙中山斩钉截铁地表示"宁肯和议不成，不能不承认山、陕的革命同志"，一锤定音，山西在辛亥革命中的地位就此确立。

不过，起义后当上山西都督的阎锡山，为了自己的权位，在关键的定都问题上倒向了袁世凯，被革命同志们愤恨，而他自己，也由此开始了对山西长达38年的独裁统治。

# 山西鼠疫

## 民国防疫大考

14世纪，一场黑死病改变了欧洲历史。500年后，同样的病魔侵入山西，民国山西政府面临首次防疫大考验。

1918年初，流行于蒙古一带的鼠疫由商人传入山西大同，患者身上会出现黑斑，所以又被称为黑死病。1月5日，右玉县突发致死现象。6日，阎锡山召开紧急会议，确定鼠疫性质为"有防无治"，提出卫生防疫是一场保卫家园的战争。

为了控制疫情传播，阎锡山急令阻断晋北交通，实行严格的交通管制和隔离措施，重兵设置4道防线，并在省城太原附近加派军队检查，一并发布隔离、收容等章程。众多官员由于防疫不力而被阎锡山撤职处分。

山西设立防疫总局，内务部介绍来的美国医学博士杨怀德被聘为防疫总顾问。省内中西医生，尤其是留过学的西医被派往山西各地。防疫动员了社会各界力量和外国团体、友人、教会等。山西防疫工作中的外国医护人员有67名，36位医士分别来自美国、英国、法国、意大利和瑞典，他们被派往代县、宁武、偏关、五寨等地，构成防疫的主要技术力量。同时，以省署名义制作了宣传防疫手册20多万份，在主要疫区散发。

防疫总局设立了疫病院和疑似病院。疫病院病人一人一室，不准亲属探视。疑似患者都被收治到疑似病院，在医生准许下亲属可探视，但必须与病人相距三四尺，不能超过10分钟。

这场鼠疫在山西持续了两个半月，先后蔓延28个县，死亡2659人。因为防控得力，对鼠疫传染迅速，稍有疏忽便祸至灭种的严重性有清醒认识，措施具体果断，从而有效地控制了疫情的蔓延，避免了更大范围的人员死亡。

但全国的情况不容乐观，疫情从疫源区绥远（今内蒙古、河北一带），波及山西、直隶、山东、安徽、江苏等省，死亡1.46万人。

1918年的这场鼠疫，在中国公共卫生史上具有转折性意义。北洋政府从此在内务部设立了防疫委员会，以防疫为主的公共卫生问题首次进入中国政府基本职能范畴。

视线转向国门外，1918年还有一场更大的疫情，即发生在欧美的"西班牙流感"，导致了全球大约有2000万到4000万人死亡。

# 晋军出关

## 遇挫保境安民

1917年7月1日，凌晨三点，故宫，张勋和康有为等300多人拥护清朝十二岁的废帝溥仪重登皇帝宝座，改民国六年为宣统九年，上演复辟清室一幕。

全国哗然，3日，民国代总统冯国璋、国务总理段祺瑞发出"誓讨复辟"通电。4日，山西都督阎锡山致电段祺瑞，表示山西愿出兵进驻石家庄，会师北上共同"讨逆"。

5日，晋军第一混成旅在旅长商震的带领下，东出娘子关，第三天，晋军第三混成旅孔繁霨沿同一路线进驻石家庄。

7月12日，会师后的讨逆军进攻北京城。晋军两旅被编为讨逆军西路第五、第六纵队。总攻时，晋军率先攻克德胜门，其他部队先后攻入京城。战斗最激烈的地方在天安门，晋军调山西炮兵一团猛攻，强烈的炮火下，张勋部队终于投降，张勋逃往使馆区，溥仪再次宣布退位。

张勋复辟失败，段祺瑞重新上台后，任命阎锡山为山西督军兼省长，阎锡山集山西的军政大权于一身。9月，段祺瑞命阎派兵前往湖南，帮助湘军进攻广西。

这是破天荒的大事，山西军队第一次远征数千里，深入陌生的南方作战。阎锡山继续派出商震，率晋军第一混成旅开赴湖南。

10月，士气十足的晋军再出娘子关，经正太线、京汉线到达湖南永丰前线，与桂军发生激战，战事胶着，桂军增派援军仍不能胜。湘军前线却发出停战通电，撤出部队。形势突变，晋军沦为孤军，边战边退，直至被包围缴械，全军无归。商震只身一人辗转逃回山西。

阎锡山吸取教训，从此后埋头于省内政治、经济建设，提出"保境安民"的口号，一心积蓄力量，暂时退出军阀混战。

1918年起，阎锡山进行了大规模的扩军，到1927年，晋军发展成拥有13万兵力的地方劲旅，势力波及绥远（今内蒙古、河北一带），被称为晋绥军，为阎锡山逐鹿中原提供了军事基础。

# 中原大战

## 阎冯联手反蒋

1929年6月，在蒋冯大战中失败的冯玉祥受邀来到山西，先被阎锡山安排到太原南郊的晋祠，后又被送往五台县建安村，传说也在河边村的阎锡山故居住过，在晋居留10个月之久。

期间，国内各派反蒋势力纷纷派代表到太原，各方力量云集，山西成了反蒋势力的核心区域。

北伐战争后，阎锡山任总司令的第三集团军占有山西、河北、察哈尔、绥远等省及北京、天津两市，成为最抢眼的军事集团。蒋介石在打赢蒋桂、蒋冯战争后，强硬裁军，要求各地交出兵权，并顺水推舟地同意了阎锡山请辞山西省主席的试探性报告。这促使奉行两面政策的阎锡山下了决心，与各派结成反蒋联合阵线。

1930年3月，阎锡山电邀各派主要人物到太原，共商"国是"。57人联名通电，拥戴阎锡山为中华民国陆海空军总司令，冯玉祥、张学良、李宗仁为副总司令，要求蒋介石还政于民，汇集70多万兵力投入战争。

5月11日，蒋介石下达总攻击令，讨伐阎、冯，国民党统治史上规模最大的一次反蒋战争爆发，史称"中原大战"。

战争持续了五六个月，初期双方势均力敌。9月份，张学良发表和平通电，呼吁各方罢兵。蒋介石拨给张学良1000万银圆的军饷并允许东北军入关后，张学良直接表明拥蒋态度，派兵入关接手平津。这使战争态势发生根本改变，10月初，中原大战以反蒋联合阵线的失败告终。

晋绥军兵败往回撤的同时，同盟军中失去阵地的残部，约十几万兵力也随着到了山西。如冯玉祥率部驻在汾阳一带，张自忠率部驻在晋南一带，孙殿英率部驻在晋东南一带。七省军阀部队所有支出，全都由地方支应，军费开支惊人，军民矛盾激烈，这让战后晋钞通胀，陷入经济危机的山西雪上加霜，客军问题一度成为山西的最大难题，直到1934年这些客军才全部撤走。

# 同蒲铁路
## 山西自筹自建

同蒲铁路是首条山西人自己筹款、自己修建的铁路，在中国交通史上可谓壮举。

1902年修的正太铁路（河北正定到太原，今石太线），是山西之前唯一的铁路，由清政府委托法国银公司承建，所以采用的是法国型铁路轨距，即1米宽的窄轨。正太铁路在山西境内有170.7千米，是东出娘子关的重要通道。

1933年5月，同蒲铁路正式开工，全长865千米，以太原为中心分别向南北推进，修成一段，运营一段。太原以北是北同蒲，到七七事变爆发时，只通车到雁北怀仁；太原以南是南同蒲，1936年元旦提前完工，通车到风陵渡。

同蒲铁路的筹建历经30年，清政府和袁世凯时期都有修建计划，但均因政权变更、战火不熄未能实施。1932年，阎锡山再度执政山西，同蒲铁路作为重要工程上报南京国民政府获批。10月，晋绥兵工筑路局成立；1933年1月，晋绥兵工筑路指挥部成立，阎锡山任总指挥，调集3万兵工修建同蒲铁路。

甲午海战后，除了京张铁路，中国的大部分铁路由西方人修建。山西民间从铁路筹建期就坚持自筹自建，反对外国资本进入山西，借机掌控经济动脉。因为工程艰苦，费用巨大，阎锡山在给铁道部的报告中做过核算对比：如果修成标准轨道，50年内不但赚不了钱，累计还要亏损37亿多元；若修窄轨，20年内除收回全部投资外，还可盈利670万元。所以和正太铁路一样，同蒲铁路初建时也是用一米宽的窄轨。也有种说法认为，这是阎锡山阻止省外势力入晋的办法，体现他的"保境安民"、"自存自固"的思想。

1937年，抗日战争爆发。日军占领期间将北同蒲改为标准轨道。1949年新中国成立，山西省成立了铁路修复指挥部，南同蒲也改为标准轨道。1951年8月，同蒲铁路全线恢复通车。作为晋煤外运的主要干线，1992年北同蒲铁路全部废除蒸汽机车，改为内燃机车和电力机车。

2014年3月，近万工人为同蒲铁路更换重型轨枕，同蒲铁路具备了火车提速和通过重载列车的条件。

# 红军东征

## 志丹血洒三交

1936年1月31日，中国工农红军抗日先锋军正式成立，彭德怀任总司令员，毛泽东任总政治委员。2月18日，他们召开红一方面军团以上干部会议，联名下达关于东渡黄河，在吕梁山脉附近开辟临时根据地的作战命令。同时发表声明，要求山西当局允许红军通过山西，开赴华北抗日前线对日作战。

2月20日，红军强渡成功，与阎锡山的晋绥军沿黄河一线展开激战。4月14日，红二十八军军长刘志丹在三交镇战斗中牺牲。

晋绥军的千里河防崩溃，阎锡山电请蒋介石派军增援。蒋介石先后派7路纵队入晋，派陈诚亲自到山西坐镇，令空军进驻太原，配合地面部队作战。中央军前后援晋达12万人。

在中央军和晋绥军的合力围攻下，红军到5月底陆续撤回陕北，发出停战议和、一致抗日的通电。

东渡黄河进入山西的红军，75天转战山西59县，歼灭晋绥军7个团，俘虏4000多人，扩充红军8000多人，筹款30多万银圆，使经过两万五千里长征后的红军得到了及时补充。

陕甘根据地为刘志丹举行了隆重的公葬仪式，把保安县改名为志丹县。

如今在山西石楼和柳林，当年红军东征过的地方都修建了东征纪念馆，存有当年东征红军的军旗和历史照片、实物。在柳林县三交镇，当年刘志丹饮弹牺牲的地方，也修建了塑像和纪念台。

# 平型关大捷

## 八路抗日首胜

1937年7月7日，日军在华北发动了七七事变，开始了全面侵华战争。第二天，中共中央发布通电号召全中国军民团结起来，抵抗日本的侵略。之后，国共双方逐步形成抗日民族统一战线，开始了共同抗日。

由于国力和装备上的巨大差距，我正面战场军队虽奋力抵抗，但仍不敌日军，华北地区大片国土沦陷。日军气焰嚣张，放出豪言"三月解决中国事变"。不久，战火就烧到了"华北屋脊"山西。

当时，作为第二战区司令长官的阎锡山判断，日军装备精良，为发挥其机械化部队的优势，必然把锋芒指向大同。据此，他部署了大同会战计划，置重兵于大同南北，形成口袋阵，坐等日军进攻。然而，日军板垣师团却剑走偏锋，直奔平型关。

平型关地势险要，古称瓶形寨，周围地形如瓶，在山西繁峙县东北与灵丘县相交界的平型岭下，雁门关之东，明朝时是内长城重要关隘。

板垣征四郎认为此地是山西和河北的交界地，兵力薄弱，战略位置突出，扼守着灵丘至大营的公路，是进攻雁门关的必经之地。进攻此地，可实现其3个月灭亡中国的计划。

大同会战计划流产，雁门关一带囤积了大量兵力，平型关一带却兵力空虚，危如累卵。阎锡山在与朱德、周恩来、卫立煌、彭德怀等人反复协商之后，调整战略，制定了在平型关围歼日军的计划。与此同时，阎锡山要求八路军先头部队迅速挺进晋东北，协同其坚守长城防线。

9月，八路军一一五师先头部队进抵平型关一带，派出侦察部队调查平型关地区地理情况和敌情，为平型关歼敌做各种准备。23日，林彪、聂荣臻在上寨召集干部会议，作出初步计划。24日，第二集团军、第六集团军送来"平型关出击计划"，拟定七十一师附新编第二师及独立八旅一部配合一一五师向平型关以东的日军出击。

25日凌晨，一一五师的士兵们顶着狂风暴雨于拂晓前到达了指定地区，埋伏起来。5时许，敌军开始进入伏击圈，聂荣臻指示：沉住气，无命令不许开火。待板垣师团第二十一旅团千余人及300余辆汽车进入伏击圈后，一声命令，五连连长曾贤生率全连向敌冲杀，用手榴弹炸毁敌人最后一辆汽车。日军退路已无，拼命反扑，争夺公路两侧的制高点——老爷庙，但被一一五师的将士们一次次歼灭，日军转而攻击独八旅，企图冲破独八旅阵地逃命。独八旅把一线配备改为纵深配备，拼死抵抗。激烈的战斗一直持续到27日，敌板垣师团二十一旅千余日军几乎被全歼，由于日军顽抗，八路军也有约900人的伤亡。

平型关大捷，歼敌1000多人，缴获步枪1000多支，轻重机枪20多挺，另有大量其他战利品，是抗战以来我军取得的第一次大胜利，粉碎了"皇军不可战胜"的神话，鼓舞了全民族的抗战热情。同时，迟滞了敌人的进攻。

毛泽东在大捷次日致电朱德、彭德怀："庆祝我军的第一个胜利"。同时，认为"平型关的意义正是一场最好的政治动员"。之后，毛泽东根据平型关战斗的经验指出，我八路军"根本方针是争取群众，组织群众的游击队。在这个总方针下，实行有条件的集中作战。"不久，将这一方针概括为"独立自主的游击战和运动战"，成为我党在抗日战争中的作战指导思想。

# 忻口战役

## 梦龄以身殉国

　　忻口，是山西北部通往太原的咽喉。1937年10月1日，日军南下直取太原，忻口成为保卫太原的最后一道防线，这里注定要有场血战。

　　阎锡山布下四路重兵，全线兵力8万多人严防死守。为争取时间部署兵力，姜玉贞率196旅与日军苦战11天，数千将士为国捐躯，为守军赢得布防时间。

　　10月12日，忻口战役正式打响，其中争夺南怀化、激战大白水、血战红沟等战斗极其惨烈。南怀化204高地争夺战，在24小时内，两军易手达13次，国民党守军6次失去阵地，又一次次夺回来，日军伤亡3000多人，国军伤亡在万人以上。此役惨烈悲壮，将士们视死如归，中央兵团指挥、第19军军长郝梦龄以身殉国。

　　10月24日，郝梦龄的灵柩被运回家乡武汉，以国葬仪式安葬于武昌，汉口北小路改名为郝梦龄路。1938年3月12日，延安召开追悼抗敌阵亡将士大会，中共高度评价了郝梦龄抗日殉国的精神。

为了配合国民党军正面战场，八路军在右翼军团的位置上，展开游击战，频频牵制日军。19日，八路军第一二九师夜袭代县阳明堡的日军机场，经过一个小时的激战，焚毁敌机24架，使陷于忻口战役的日军丧失了空中打击能力和供给能力。

日本华北方面军为了扭转忻口形势，曲线救援，10月下旬从东面派3个师进攻娘子关，威逼榆次、太原。忻口守军腹背受敌，被迫撤军。战役持续了23天，日军伤亡2万多人。

11月8日，太原失守，华北最后一个战略要点门户洞开。

忻口战役是抗战以来，国共两党军队在华北正面战场规模最大的联合抗日战役，开创了联合御敌的先例，也是抗战期间持久抵抗、战绩显著的一次大会战。

忻口战役遗址就在忻州北25千米处，南北长1000米，东西宽500米，现存有与日军作战时修筑的窑洞50多孔、204号激战地、忻口战役纪念碑、郝将军指挥所及日军罪证碑等。

# 敌后战场

## 抗战中流砥柱

武乡县砖壁村八路军总部、王家峪八路军总部、左权县麻田镇八路军总部、沁源县阎寨村太岳军区司令部……抗战期间，八路军在山西留下的诸多旧址，现均已成为红色教育基地。

1937年10月后，整个华北基本沦于日军之手，华北正面战场解体。中共中央发出指示，将八路军3个师正规军转化为游击军，放手发动群众，团结一切力量组成抗日统一战线，并建立抗日政权，由此在敌后钉下一根根楔子，与日军展开持久斗争，以待最后胜利。

此后，以山西为中心，八路军一一五师依托五台山创建了晋察冀根据地，一二九师依托太行山和太岳山创建了晋冀鲁豫根据地，一二〇师依托吕梁山创建了晋绥根据地。在山西、河北、察哈尔、绥远、热河、山东等省的广大地域中，由点到线，再到面，根据地不断扩大，边区政府组织敌后民众，投身抗日洪流。

8年间，边区政府不仅发展生产，改善群众生活，而且持续坚定地对日作战，晋冀鲁豫根据地八路军与日寇作战3万余次，歼灭日伪军19万多；晋察冀根据地八路军与日寇作战3.2万次，歼灭日伪35万人；晋绥根据地八路军与日军作战1万多次，歼灭日伪10万多人——几乎无时不战、无地不战，用这样铁一般的事实向世界宣告，中国在抵抗。

整个华北敌后抗日根据地的发展，是和全民抗日救国融为一体的：山西不仅有工人抗日救国会、农民救国会、妇女救国会、青年救国会，连五台山的僧人都组织起了和尚连。八路军从主力东进时的3万人迅速发展为百万大军，无疑是得到了人民的广泛支持，"母亲叫儿打东洋，妻

八路军纪念馆　梁　铭／摄影

子送郎上战场"，《我们在太行山上》这首歌真实地描写了中共领导的敌后抗日情形。

边区政府和八路军，在8年的战争岁月中，和人民结下深厚的情谊，这也成为解放战争胜利的保障。

# 太原战役

## 华北彻底解放

太原战役，是解放战争时期历时最长、参战人员最多、战斗最激烈、伤亡最惨重的城市攻坚战。

阎锡山早在战争结束前1个月就放弃了这座孤城，1949年3月29日，他乘坐专机秘密离开太原。第二天，他的五台同乡徐向前奉中央军委电令，以司令员兼政委身份成立太原前线司令部。

但城坚难攻，早在抗战初期的太原保卫战中，傅作义将军就在太原营造了坚固的防御工事，后来阎锡山又加建了诸多碉堡。

4月24日，解放军攻城部队1300余门大炮同时向太原城墙发起轰击，工事被摧毁，攻城部队冲上了城头。9时15分，突击部队冲入绥靖公署，阎部军政首脑孙楚、王靖国等举着白单子从藏身的地下室鱼贯而出。

太原宣告解放，统治山西38年的阎锡山政权从此灭亡。

攻城前，潜伏在太原城的情报人员就将地图送了出去，原山西省政府主席赵戴文之子赵宗复，在地图上一一标注太原的文物古迹，提醒炮攻时避让，但误伤也在所难免。

太原城东南标志性建筑双塔寺，驻扎阎部守军4000人。攻城战斗中，西塔文宣佛塔被炮火击伤。1986年，当年指挥作战的原63军军长郑维山重游双塔寺，仍惋惜不已。太原南门首义门毁于炮火，新中国成立后这里改建成五一广场。

太原城东北的卧虎山要塞，驻扎"铁血师"等部5000人，配备火炮170多门，解放军猛攻10小时后拿下该要塞。新中国成立后，这里建起园林化的奶牛场，后在陈毅元帅的建议下，扩建为卧虎山公园，2004年改建成太原动物园。

太原战役从1948年10月5日起，历时6个多月，阎军伤亡13万人，解放军伤亡4.5万余人，惨烈程度远超同期突破长江天堑的渡江战役。

太原解放6天之后，大同实现和平交接，山西全境宣告解放。

# 后 记

《山西故事》是一套以故事叙记山西历史文化的普及性读物。

斯著之成，始于山西省副省长王一新之构倡，策划创作期间，屡示洞见。山西省旅游局负责本书的具体实施和推广。山西省政府盛佃清先生，山西省人大常委会韩和平先生，山西省旅游局冯建平先生、王炳武先生，山西省新闻出版广电局齐峰先生亲力协调统筹、总理编务，襄助良多。山西省政府办公厅郭建民、樊张明、李仁贵、梅强、薛冬，山西省旅游局陈少卿以及山西省委外宣办邓志蓉、王宝贵亦不辞辛苦，为丛书撰写做了大量工作。太原师范学院刘敏、王杰瑜、袁钰等专家学者参与本册文稿审核，多有裨益。一并铭谢！

图书在版编目（CIP）数据

山西故事．历史事件 / 晋旅主编．—太原：山西人民出版社，
2015.12
ISBN 978 - 7 - 203 - 09344 - 2

Ⅰ.①山… Ⅱ.①晋… Ⅲ.①山西省—地方史②历史
事件—山西省 Ⅳ.①K292.5

中国版本图书馆 CIP 数据核字（2015）第 259183 号

山西故事．历史事件

主　　编：晋　旅
责任编辑：王新斐
装帧设计：谢　成
出 版 者：山西出版传媒集团·山西人民出版社
地　　址：太原市建设南路 21 号
邮　　编：030012
发行营销：0351—4922220　4955996　4956039　4922127（传真）
天猫官网：http：//sxrmcbs. tmall. com　电话：0351—4922159
E — mail：sxskcb@ 163. com　发行部
　　　　　sxskcb@ 126. com　总编室
网　　址：www. sxskcb. com
经 销 者：山西出版传媒集团·山西人民出版社
承 印 者：山西出版传媒集团·山西新华印业有限公司
开　　本：720mm×1010mm　　1/16
印　　张：14.75
字　　数：200 千字
印　　数：1—3 000 册
版　　次：2015 年 12 月　第 1 版
印　　次：2015 年 12 月　第 1 次印刷
书　　号：ISBN 978 - 7 - 203 - 09344 - 2
定　　价：43.00 元

如有印装质量问题请与本社联系调换